湖北省教育厅思政处社科青年项目"社保缴费f
制及对策研究"（21Q205）、湖北省教育厅哲
地方财政能力优化营商环境路径研究"（21ZI
税收研究中心、湖北经济学院营商环境研究中心

SHEHUI BAOXIAN JIAOFEI
YU QIYE TOUZI

社会保险缴费与企业投资

陈 祎 著

中国财经出版传媒集团
经济科学出版社
Economic Science Press

图书在版编目（CIP）数据

社会保险缴费与企业投资/陈祎著 . --北京：经济科学出版社，2023.7

ISBN 978-7-5218-4903-5

Ⅰ.①社⋯ Ⅱ.①陈⋯ Ⅲ.①社会保险－影响－企业－投资行为－研究－中国 Ⅳ.①F279.23

中国国家版本馆 CIP 数据核字（2023）第 121496 号

责任编辑：顾瑞兰
责任校对：王肖楠　王京宁
责任印制：邱　天

社会保险缴费与企业投资

陈　祎　著

经济科学出版社出版、发行　新华书店经销
社址：北京市海淀区阜成路甲 28 号　邮编：100142
总编部电话：010-88191217　发行部电话：010-88191522
网址：www. esp. com. cn
电子邮箱：esp@ esp. com. cn
天猫网店：经济科学出版社旗舰店
网址：http://jjkxcbs. tmall. com
固安华明印业有限公司印装
880×1230　32 开　7.25 印张　170000 字
2023 年 7 月第 1 版　2023 年 7 月第 1 次印刷
ISBN 978-7-5218-4903-5　定价：56.00 元
（图书出现印装问题，本社负责调换。电话：010-88191545）
（版权所有　侵权必究　打击盗版　举报热线：010-88191661
QQ：2242791300　营销中心电话：010-88191537
电子邮箱：dbts@ esp. com. cn）

前　言

　　中国经济在过去 40 余年中高速增长，取得了令人瞩目的发展成就，而资本投资是驱动经济高速增长的核心动力。但是，在高投资—高增长模式的背后，存在物质资本投入粗放、固定资产投资重复、投资回报率下降等问题。当物质资本积累达到一定程度，无形资产投资、R&D 投资对于推动技术进步和经济质量升级尤为重要。随着我国经济步入高质量发展阶段，经济处于结构调整的关键时期，如何引导优化投资结构、加快推动工业转型升级，成为学界和政府部门关注的焦点。

　　在对投资活动的研究中，学者们认为制度成本是影响企业投资的关键因素。社会保险缴费涉及税收与劳动力市场制度双重领域。一方面，社会保险缴费是一项以企业为征收主体的费率较高的税费，会通过"规模效应"和"替代效应"影响企业现金流等方式对企业投资产生重要影响。另一方面，由于社会保险的缴费—福利联系，社会保险缴费为员工提供了福利和劳动保护，社会保险具有"权利效应"和"风险分担效应"。社会保险能够提高员工的努力程度或吸引更加优秀的员工（权利效应），影响员工对失业风险的担忧（风险分担效应），增加企业的新技术投资和高风险投资。

我国偏高的社会保险缴费率可能是抑制企业投资的最大制度成本之一。我国企业社会保险缴费负担沉重已成为不争的事实。从法定缴费率来看，总费率标准一度超过40%，高于经合组织（OECD）国家，中国费率水平高居全球前十位。与高缴费相比，我国社会保险提供的福利不高，可能使社会保险难以发挥促进企业投资规模增长或投资结构优化的作用。因此，本书试图研究以下问题：社会保险缴费如何影响企业的投资行为？影响的机制又是什么？

在梳理和分析国内外相关文献的基础上，本书对我国企业社会保险缴费负担沉重的现实背景进行描述，并对中国企业社会保险缴费与投资行为的典型化事实进行分析。我国企业社会保险制度具有较高的缴费率，同时由于各种制度和人口结构因素，存在社会保险制度地区分割严重、非正式员工缴费意愿不强、社会保险缴费的收益存在疑虑等问题。在此背景下，社会保险缴费将对企业造成沉重负担、抬高人工成本、降低企业现金流、危害企业生产经营和发展。

分别基于金融视角、实业视角、综合金融与实业视角，本书从金融投资、人力资本投资、风险承担多个维度，展开社会保险缴费对企业投资行为影响的实证分析，得出如下主要结论。

第一，社会保险缴费会增强企业从实体业务转向虚拟业务的意愿，促进企业的金融投资。由于金融投资与生产活动和生产工人脱钩，社会保险缴费将加剧金融投资与实体投资的收益率差距，增加金融投资对企业的吸引力。同时，社会保险缴费显著减少了企业当期现金流，现金流约束会抑制企业对固定资产的投入，迫使企业转向资金需求更加灵活的金融投资。社会保险缴费通过加剧金融投资与实体投资的收益率差距，减少企业现金流，已经给实体经营造成沉重负担，加重了企业对金融投资的依赖。此外，本书还发现，企业主要是通过增加持有交易类金融资产和投资性房地产来提高金融化程度。

第二，社会保险缴费会影响企业的人力资本投资，一方面企业人力资本投资增加，另一方面低技能员工的就业率下降，这加剧了劳动力市场上的正规—非正规鸿沟。虽然社会保险缴费抬高企业的劳动力成本，减少企业现金流，降低了企业进行人力资本投资的能力，但是由于社会保险提供的福利能够提高高技能员工的生产率，促进企业和员工形成长期就业关系，因此社会保险鼓励企业进行人力资本投资。这一实证结果证实，社会保险缴费增加后，企业将采取提升"人力资本"的策略，雇用更多高技能人才，增加人力资本投资，同时解雇低技能员工。

第三，社会保险缴费率增加时，企业更加不愿为了获取高收益和有前景的市场发展机会而承担风险，企业的风险承担水平将降低。以企业的息税前资产收益率（ROIC）波动率作为企业风险承担的度量，捕获企业业务风险，发现社会保险缴费降低企业的投资风险。进一步地，区分实业投资风险与金融投资风险，发现社会保险缴费导致企业投资风险的改变，主要来源于实业投资的风险变化。机制分析表明，社会保险缴费通过增加企业劳动力成本、减少企业现金流、降低企业风险投资收益的方式，限制企业进行风险承担。此外，地区劳动保护程度的异质性分析显示，劳动保护程度的提高增强了社会保险缴费对企业风险承担的抑制作用。

目　录

第 1 章 │绪论 ……………………………………………… 1

　1.1　研究背景、问题与意义 ……………………… 1

　1.2　研究框架和内容 …………………………… 9

　1.3　研究方法和数据来源 …………………… 16

　1.4　研究创新点 ………………………………… 20

第 2 章 │文献综述 ……………………………………… 23

　2.1　社会保险缴费对企业的影响及其机制 ………… 23

　2.2　企业投资的概念及投资决策理论 …………… 43

　2.3　社会保险与企业投资既有实证研究 ………… 59

　2.4　文献述评 …………………………………… 63

第 3 章 │社会保险缴费制度背景与典型事实 ………… 66

　3.1　中国企业社会保险制度背景 ……………… 66

　3.2　社会保险缴费与企业投资的典型事实 ……… 77

　3.3　本章小结 …………………………………… 86

第4章│社会保险缴费与企业金融投资 ··············· 88

4.1 引言 ·· 88

4.2 社会保险缴费与企业金融投资的文献综述 ······ 90

4.3 理论分析与假设提出 ························· 93

4.4 样本选择与研究设计 ························· 98

4.5 实证分析结果 ······························· 101

4.6 本章小结与讨论 ····························· 117

第5章│社会保险缴费与企业人力资本投资 ········· 120

5.1 引言 ·· 121

5.2 社会保险缴费与企业人力资本投资
的文献分析 ································ 125

5.3 数据及模型 ··································· 128

5.4 实证分析结果 ······························· 132

5.5 本章小结与讨论 ····························· 146

第6章│社会保险缴费与企业风险承担 ············· 149

6.1 引言 ·· 150

6.2 社会保险缴费与企业风险承担的文献分析 ··· 155

6.3 数据及模型 ··································· 159

6.4 实证分析结果 ······························· 165

6.5 本章小结与讨论 ····························· 174

第 7 章 | 全书总结、政策启示与研究展望 ················· 176

    7.1   全书总结 ·································· 176

    7.2   政策启示 ·································· 180

    7.3   研究展望 ·································· 184

附录 | 部分补充材料 ·························· 188

参考文献 ·································· 192

第 1 章
绪　论

1.1　研究背景、问题与意义

1.1.1　研究背景

受益于全球化和改革开放，中国经济在过去 40 余年中保持高速增长，取得令人瞩目的发展成就，而资本投资是驱动经济高速增长的核心动力。图 1 - 1 展示了 1978 ～ 2018 年我国固定资产投资增速与经济增速的变化趋势，从中可以看出，固定资产投资增速与经济增速保持高度同步。据测算，1978 ～ 2015 年中国实现了平均 9.69% 的经济增速，这一时期资本对经济增长的贡献率达到 34.86%[①]。投资为我国经济发展建立了良好的物质基础，对工业实力和竞争力的提升具有举足轻重的作用。但是，在高投

---

① 程名望，贾晓佳，仇焕广. 中国经济增长（1978—2015）：灵感还是汗水？[J]. 经济研究，2019，54（7）：30 - 46.

资—高增长模式的背后，存在物质资本投入粗放、固定资产投资
重复、投资回报率下降等问题。当物质资本积累达到一定程度，
无形资产投资、R&D 投资对于推动技术进步和经济质量升级尤
为重要。随着我国经济步入高质量发展阶段，经济增速放缓，经
济处于结构调整的关键时期，如何引导优化投资结构、加快推动
工业转型升级，成为学界和政府部门关注的焦点。

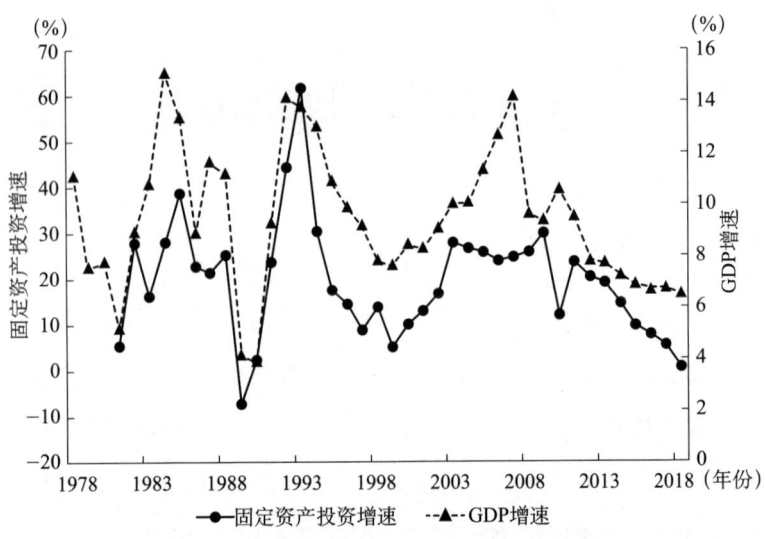

图 1-1　中国固定资产投资增速与经济增速

资料来源：固定资产投资数据来自国家统计局，GDP 数据来自世界银行开放
数据（World Bank Open Data）。

在对投资活动的研究中，学者们认为制度成本是影响企业投
资的关键因素。企业投资的重要制度成本之一是税收。税收是政
府影响企业行为、激励企业投资、调节经济的主要工具之一，税

收如何影响企业投资一直是经济学关注的重点问题。霍尔和乔根森（Hall and Jorgenson，1967）建立起研究税收影响企业投资的新古典分析框架，指出税收通过降低企业的税后资本收益抑制企业投资。茨维克和马洪（Zwick and Mahon，2017）认为，由于金融摩擦的存在和企业固定资产投资不平滑（lumpy investment）的特点，税收对企业投资的影响被放大。

劳动法规（labor regulation）是影响企业投资的另一项重要制度成本。劳动法规长期以来一直被众多学者视为抑制制造业投资和发展的决定因素（Freeman，2010）。世界银行等国际金融机构一度将减少最低工资、就业保护、社会保险等劳动法规的干预，列为促进发展中国家经济的政策工具包（World Bank，1990）。近年来，学者们逐渐认识到增强劳动保护的劳动法规对投资的影响具有双面性。一方面，劳动保护抬高劳动力成本、剥离企业绩效不佳项目，从而降低投资（Besley and Burgess，2004；Simintzi et al.，2015；Serfling，2016）；另一方面，劳动保护增加员工解雇成本，有利于形成长期的就业关系，促进企业投资，劳动力成本的提高还会产生资本替代劳动的效应（Belot et al.，2007；刘媛媛和刘斌，2014）。

社会保险缴费涉及税收与劳动力市场制度双重领域。首先，社会保险缴费是一项以企业为征收主体的费率较高的税费，会对企业投资产生重要影响。OECD 国家工资税（payroll taxes，类似中国的社会保险缴费）税率高达 30%，为政府筹集了大量税收收入，工资税收入占总税收收入的 25% 左右，与个人所得税的份额相当（OECD，2016）。近年来，OECD 国家纷纷采取削减工资税的政策，以期促进就业和企业发展（OECD，2017）。例如，美国在 2008 年金融危机之后广泛削减工资税，瑞典 2007 年和 2009 年针对年轻人进行工资税减税。随后，以赛斯（Saez）为代表的经济学家针对工资税如何影响企业投资等行为展开了研究。工资税对企业投资的影响与产品市场需求和资本劳动替代有关，工资税提升了企业的劳动力成本，一方面将降低产品需求会对投资产生负向"规模效应"，另一方面资本相对劳动力价格降低会对投资产生正向"替代效应"；工资税还通过影响企业现金流来影响企业投资（Saez et al.，2019；Kaunitz and Egebark，2019；Månsson and Quoreshi，2015；Benzarti and Harju，2018）。

其次，由于社会保险的缴费—福利联系，社会保险缴费为员工提供了福利和劳动保护。萨默斯（Summers，1989）提出，社会保险缴费负担的分析框架与税收归宿的不同之处在于社会保险存在缴费—福利联系，当员工对社会保险项目带来的福利评价越高，雇主越容易以降低工资的形式将社会保险缴费负担转移给员工，企业承担的社会保险缴费负担越小。近年来，学者们还强调社会保险的提供具有"权利效应"和"风险分担效应"。社会保险能够提高员工的努力程度或吸引更加优秀的员工（权利效应），减少员工对失业风险的担忧（风险分担效应），增加企业的新技术投资和高风险投资（Packard and Montenegro，2017；

Wang and Zheng，2018）。

我国偏高的社会保险缴费率可能是抑制企业投资的最大制度成本之一。我国企业社会保险缴费负担沉重已成为不争的事实。从法定缴费率来看，总费率标准一度超过 40%，高于 OECD 国家，中国费率水平高居全球前十位。从实际缴费负担来看，如图 1－2 所示，中国社会保险缴费占 GDP 的比重与占国家总税收（包括社会保险缴费的总税收）的比重逐年增长，逼近 OECD 国家的平均水平①。世界银行和普华永道共同发布的《世界纳税报告 2019》测算，中国雇主承担的社保负担占企业税前利润的 35.1%～41.2%，相比之下，企业所得税负担占企业税前利润的 7.6%～9.7%，社会保险缴费是我国企业最沉重的税费负担。因为劳动力成本太高，投资行为无利可言，过重的社保负担会导致企业减少投资或者干脆不投资。白重恩（2019）认为，企业进行投资决策时主要考虑两个因素，企业运行成本和产品市场需求，降低企业社保负担是促进投资的关键。在全球化的背景下，中国和世界的经济联系日趋紧密，较高的社会保险缴费提高了企业劳动力成本，会降低企业国际竞争力，不利于吸引全球投资。

与高缴费相比，我国社会保险提供的福利不高，可能使社会

---

① 中国社会保险基金收入、社会保险基金支出、社会保险征缴收入具体变化见附录附图1。

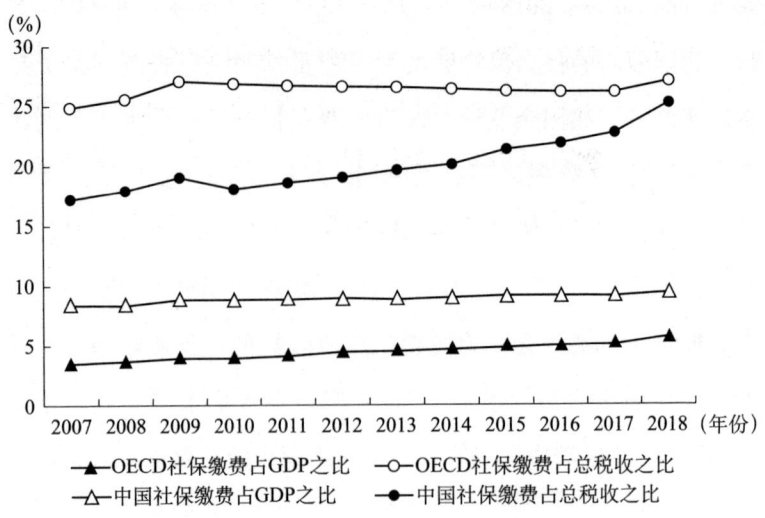

图1-2 OECD国家与中国的社会保险缴费负担

注：中国社会保险缴费占总税收之比，用中国社会保险缴费收入除以中国社会保险缴费收入与国家税收收入之和计算而得。

资料来源：OECD国家数据来自OECD tax statistics数据库，中国社会保险缴费数据来自每年财政部关于全国社会保险基金决算的说明，中国GDP与国家总税收的数据来自国家统计局。

保险的提供难以发挥促进企业投资规模增长或投资结构优化的作用。例如，社会保险并没有提供与高缴费率相匹配的待遇水平。郑秉文（2018）指出，当前养老保险缴费率是28%，理论上应提供替代率（替代率指养老金与退休前工资之比）为80%左右的养老金待遇，但实际替代率仅大约为45%。在计划经济时期，中国没有建立社会保险，这一时期工作的员工没有社会保险缴费。社会保险制度建立之后，这部分员工在社保体系中视同缴费，推高了社会保险缴费率，成为我国社会保险缴费与福利不对应的重要历史原因。再例如，当前的社会保险制度还存在跨地区转移接续程序复杂、社会保险权益可携带性较差的问题，降低了员工对社会保险的福利评价。我国存在广泛的人口流动和职业身份转换，随着互联网的普及，新的就业形态蓬勃发展，就业灵活性和流动率不断升高。当前以县级统筹为主、地区分割严重的社会保险制度，损害了跨地区流动或转换职业人口的社会保险权益，降低了员工对社会保险福利的感知。根据人社部的数据，2018年全国城镇职工养老保险关系跨省转移270.39万人次，远低于当年跨省流动农民工人数7 594万人。

1.1.2 研究问题与意义

针对我国企业社会保险缴费负担沉重但社会保险福利不高的现状，以及经济增速放缓时期对高效投资的需求，本书试图研究以下问题：社会保险缴费如何影响企业的投资行为？影响的机制又是什么？

社会保险缴费不同于普通税收，它不仅增加企业税费压力，还提供给员工一定的福利，将从两个方面影响企业投资行为。社会保险缴费负担不能完全转移给员工时，企业面临劳动力成本提高和现金流出增加，企业的投资收益和投资能力都受到冲击，这种压力会导致企业投资行为发生变化。社会保险的"缴费—福利"联系能够激励员工工作积极性，提高劳动生产率，这一

"缴费—福利"联系塑造企业投资行为。已有关于社会保险缴费影响的研究集中关注社会保险缴费的税费性质，对社会保险的福利性质较为忽视。本书将社会保险缴费的税费性质和社会保险的福利性质统一在一个框架之内，全面考察社会保险缴费对企业投资行为的影响。

本书跟踪经济学不断融合管理学、心理学等理论、拓展投资概念的发展趋势，从金融投资、无形资产投资、人力资本投资、风险承担等角度丰富企业投资的概念。既有实证文献关于社会保险缴费对企业投资影响的研究注重固定资产投资，忽视企业其他投资行为。本书立足我国当前优化投资结构的现实需求，在描述和刻画我国社会保险缴费与企业投资现状的基础上，创新性地从企业投资行为的多个维度出发，结合社会保险缴费的税费性质和待遇的福利性质，试图建立起将社会保险缴费与多维度的企业投资统一起来的分析框架，系统性地研究社会保险缴费对企业投资行为的影响及其作用机理①。

促进或阻碍经济增长的政策是经济学关注的重要议题，其中影响投资的政策尤为重要，因为传统的经济增长理论将制造业的发展置于经济增长的中心位置（Besley and Burgess, 2004）。本书从社会保险缴费的角度出发，对这一涉及税收与劳动力市场两

---

① 本书不考察社保缴费对企业固定资产投资的影响，一方面因为社保缴费与企业固定资产投资的相关研究已经较为丰富，另一方面鉴于我国当前优化投资结构的现实需求，本书关注金融投资、人力资本投资与风险承担具有重要现实意义。

个领域的制度展开研究。此外，国际研究关注不完善劳动力市场的影响，诸如非正式就业、工资僵化、信息不对称等问题已经融入了劳动经济学的广泛研究之中，然而，目前国内对不完善劳动力市场的关注仍然较为缺乏。本书在研究社会保险缴费对企业投资影响的过程中，基于我国存在大量非正式就业的现实，将"二元劳动力市场"纳入分析。

本书将丰富社会保险缴费影响企业投资的经验证据，有助于完善我国现阶段社会保险缴费制度，优化我国投资结构。一方面，我国企业社会保险缴费负担沉重，给企业带来巨大的财务压力，社保制度还存在养老金个人账户空账、人口老龄化加剧、财务不可持续性等问题。在这个背景下，如何合理优化社会保险缴费制度具有重要意义。另一方面，本书将社会保险缴费对企业影响拓展到金融投资、无形资产投资、人力资本投资、风险承担等多个维度，研究社会保险缴费对企业投资行为的影响，对优化我国投资结构具有重要的现实意义。

1.2　研究框架和内容

1.2.1　研究框架

如图 1-3 所示，本书遵循"提出问题—现状分析—理论与实证分析—提出建议"的研究思路。

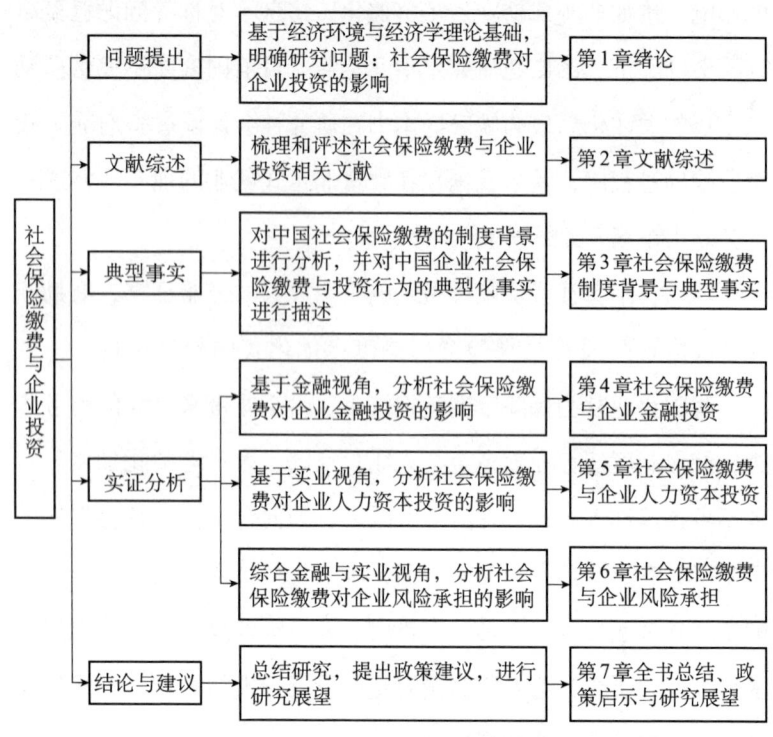

图1-3 本书研究框架

首先，本书对我国企业社会保险缴费负担沉重与投资结构亟待优化的现实背景进行描述，论述制度影响投资的传统理论与近年来国际研究对社会保险缴费的关注，明确本书的研究问题，阐述本书研究的理论意义与现实意义，介绍本书的研究方法并提出本书的创新之处。

其次，梳理相关文献，明确已有研究的进展和局限性，搭建本书的理论框架。然后，本书对中国社会保险缴费的制度背景进行分析，并对中国企业社会保险缴费与投资行为的典型化事实进行描述。在此基础之上，实证分析我国社会保险缴费对企业投资行为的影响，基于金融视角，考察社会保险缴费对企业金融投资的影响；基于实业视角，考察社会保险缴费对企业人力资本投资的影响；综合金融视角与实业视角，检验社会保险缴费对风险承担的影响。企业投资一般分为实物投资和证券投资。金融投资和人力资本投资分别从金融和实业的角度刻画企业投资，只衡量了企业投资的一个方面。风险是投资决策的固有属性，是企业投资决策中的一种选择。企业风险承担综合考虑了金融投资和实业投资，更加全方位地刻画企业投资。

最后，总结全书并结合主要研究结论给出优化社会保险缴费制度的政策建议，同时指出本书不足并对未来研究方向进行展望。

1.2.2　研究内容

根据上述研究框架，本书的研究内容将分为七个章节展开，具体如下。

第 1 章基于我国经济社会发展背景以及国内外研究现状和发展趋势，提出本书所要研究的问题，阐释本书的理论意义与现实意义，介绍了研究内容、研究方法和研究数据，提出本书的主要创新点。

第 2 章是文献综述，本章沿着"社会保险缴费对企业的影响及其机制—企业投资的概念及投资决策理论—社会保险与企业投资既有实证研究"的顺序展开论述。社会保险缴费对企业的影响及其机制构成了本书的出发点，本章对传统竞争性劳动力市场以及新兴非竞争性劳动力市场中社会保险缴费的影响机制相关文献进行了梳理，同时对社会保险的劳动保护效应进行了详细的介绍，有利于全面理解社会保险对企业的影响范围和影响方式，也为展开社会保险缴费对企业投资影响的研究奠定了文献基础。在企业投资的概念及投资决策理论中，企业投资是本书的落脚点，投资决策理论是衔接社会保险缴费与企业投资的关键环节。在对企业投资概念的综述中，回顾了从新古典经济学将投资视为作为"黑匣子"的企业追求利润最大化的自然结果以来，随着经济学、管理学等理论的发展，投资概念被不断地丰富，金融投资、无形资产投资、人力资本投资、风险承担等概念逐步被纳入分析范畴。在对投资决策理论的综述中，遵循投资理论的发展脉络，对各类企业投资理论进行梳理和总结。最后，本章对国内外社会保险与企业投资既有实证研究进行了详细综述和归纳，阐述已有研究的局限，凸显本书的贡献。

第 3 章对中国企业社会保险缴费现状进行描述性研究，分为中国社会保险缴费制度背景描述和典型化事实分析。在背景描述部分，把握中国社会保险缴费制度的政策目标、管理模式、历史演进、制度缺陷等背景，为后续研究打下基础。首先，梳理我国企业社会保险的概念定义，概述养老、医疗、失业、工伤、生育五类社会保险的制度安排及功能，为后文展开研究界定了范围。其次，着重分析社会保险缴费的制度特征，回顾我国国家统一决策与地方分级管理相结合的社会保险管理制度，介绍我国社会保险法定缴费率的基准规定与实际缴费率的真实水平。最后，针对影响企业社会保险缴费意愿、缴费方式、缴费金额的社会保险制度的特征展开论述，从社会保险制度分割严重、地区缴费各自为政，非正式就业人群庞大、企业为低技能员工缴费意愿不强，职工对社会保险缴费的收益存在疑虑、社会保险缴费的收益评价较低等方面进行分析，全面刻画中国企业社会保险缴费的图景。在典型化事实分析部分，选择两家同时经历了地方社会保险法定缴费率提升的企业作为分析对象。两家企业中的一家主要业务转向高科技产业，另一家增加代工生产业务。这两类业务重心的转变代表了不同的发展方向，同时也在一定程度上反映了不同的企业战略发展规划。本章通过对企业财务数据的详细分析，描绘了发展方向不同的两家企业在社会保险缴费增加前后，雇用员工、发放职工薪酬、固定资产投资与金融资产投资等一系列行为发生的变化，作为后续研究的先验证据。

　　第 4 章到第 6 章是本书核心部分，分别基于金融视角、实业视角、综合金融与实业视角，研究社会保险缴费对企业投资行为的影响。具体而言，第 4 章基于金融视角，分析社会保险缴费对企业金融投资的影响。当社会保险缴费率提高时，企业现金流和生产经营收益率降低，企业开拓新产品的积极性下降，甚至可能增强企业从实体业务转向虚拟业务的意愿，导致企业参与更多的金融投资。近年来涌现出的"金融化"文献指出，劳动力成本上升导致实体经营收益率下降，是企业增加金融投资并实现企业金融化的重要原因。"脱实向虚"是当前阶段我国经济最突出的结构性矛盾之一，在这种背景下，研究社会保险缴费与企业金融投资的关系具有重要的现实意义。运用上市公司披露的金融资产投资的详细数据，本章探索社会保险缴费对企业金融投资的影响，验证经营收益率下降和企业现金流减少是否是社会保险缴费影响企业金融投资的传导机制。同时，本章探讨企业是否通过增加持有投资性房地产来增加金融投资，房地产市场主导中国的金融资产市场，近年来房地产市场一直呈现逆周期上扬态势，对本问题的关注具有重要的现实意义。此外，为解决反向因果和遗漏变量等内生性问题，运用 2011 年实施《社会保险法》的准自然实验作为识别方法，对本章的研究结论进行稳健性检验。

第 5 章基于实业视角，分析社会保险缴费对企业人力资本投资的影响。从人力资本投资等无形资产投资具有类似固定资产投资特征的角度而言，社会保险缴费抬高了企业的劳动力成本，降低了企业现金流，可能降低企业进行人力资本投资的能力。然而，社会保险也可以为员工提供劳动保护，促进长期雇佣关系的建立，鼓励人力资本投资。关于社会保险缴费如何影响企业人力资本投资，古典人力资本理论和非竞争性劳动力市场模型提供了丰富的理论，然而经验证据较为缺乏。第 4 章利用工业企业数据库提供的职工培训数据，运用固定效应方法对社会保险缴费对企业人力资本投资的影响展开了研究，并提供了一系列稳健性检验以保证研究结论的可靠性。在此基础之上，鉴于我国存在大量低技能、低学历工人和普遍的非正式就业现象，企业为低技能员工进行社会保险缴费的意愿不强。本章进一步根据员工学历、职称、职业资格对社会保险缴费对企业人力资本影响展开了异质性分析，同时研究了社会保险缴费的就业结构效应。

第 6 章综合金融与实业视角，考察社会保险缴费对企业风险承担的影响。投资是财务管理活动的核心，风险被视为投资决策过程所固有的，企业的风险承担是企业为了获取高收益和有前景的市场发展机会而愿意承担风险。风险承担和企业家精神被视为经济增长的引擎，投资高风险高回报的高科技项目可以促进技术进步，实现资本积累。当然，过度冒险可能会引发危机。在关于企业风险承担影响因素的研究中，现有文献从个人、组织、行业、社会等层面进行了探讨，一些国外文献开始从税收的角度进行分析，国内从这一角度进行探索的文献仍然相对不足。因此，本章将研究作为政府重要税费之一的社会保险缴费对企业风险承担的影响。参考已有文献，用企业资产收益率（return on invested capital，ROIC）的波动率衡量企业风险承担，进一步区分了生产经营性投资风险与金融投资风险，分别考察社会保险缴费对经营性资产收益率的波动率和金融资产收益率的波动率的影响。

15

同时，本章根据企业劳动密集度、企业杠杆率、现金流展开异质性分析，探讨社会保险缴费的劳动力成本提升和现金流挤出机制。此外，用工会参与率和劳动争议处理率衡量劳动保护程度，讨论了社会保险提高劳动者议价能力的可能性。

第7章为本书的总结展望，也是研究与现实政策相呼应之处。在该部分，本书对全书的研究成果进行梳理，并结合中国实际情况为优化企业投资结构和社会保险缴费政策提供合理可行的建议。此外，还对本书研究当中存在的问题进行总结以及未来进一步研究方向进行展望。

1.3 研究方法和数据来源

1.3.1 研究方法

本书采用文献分析、案例分析、实证研究等多种研究方法。在文献分析方面，本书的研究涉及公共经济学、劳动经济学、社会保障学、公司金融学等多个学科的理论与实证研究，主要内容建立在公共经济学中税收影响投资的理论和劳动经济学中劳动法规影响企业行为的理论的基础之上，社会保障学关于我国社会保险制度的研究为本书提供了现实背景，公司金融学中关于企业投资的理论为本书研究提供了新的视角。通过对大量跨学科国内外文献的梳理和分析，本书搭建了研究框架，提出了三个相应的子话题，构成本书的主体实证章节。第 4 章融合了经济学、公司金融学中与近期"金融化"文献中金融投资的概念，结合经济学中不可逆投资理论，展开社会保险缴费对企业金融投资的影响分析。第 5 章从税收影响投资的理论出发，在阐述现阶段我国企业社会保险缴费负担沉重的基础上，研究社会保险缴费对企业人力资本投资的影响，并且基于经济学中古典人力资本理论和非竞争性劳动力市场模型进行机制分析。第 6 章将风险承担纳入分析框架，风险承担这一概念是公司金融学中经常探讨的，经济学逐渐重视对企业风险承担行为的研究，近年来涌现了一批实证文献。

在对中国企业社会保险缴费现状进行描述时，本书采取了案例分析方法。基于中国社会保险缴费的制度背景，选取两家企业对社会保险缴费与投资行为的典型化事实进行分析。通过对企业业务范围和雇用员工、发放职工薪酬、固定资产投资与金融资产投资等财务数据的详细分析，勾勒了中国社会经济背景下的两家企业经历社会保险缴费增加后企业投资行为的变化。案例分析可以作为后续研究的先验证据，也可以作为展开实证研究的基础。

实证研究是本书的核心章节，实证分析是本书的重要研究方法。实证研究方法的选择，需要基于中国独特的政策环境和背景，结合微观数据的结构，构建合适的分析框架和检验方法。本书在因果推断框架下，根据研究内容需求，利用包括固定效应模型（fixed effect model）、双重差分方法（difference in difference，

DID）在内的多种实证研究方法，对提出的命题进行实证检验，排除竞争性假设以保障结论的稳健性。在实证研究中，如何正确地进行因果推断是研究的难点。进行因果推断的关键在于将干扰因果关系的因素控制住，当干扰因果关系的因素不可观察时，就需要采取其他方法。固定效应方法是常用的一种方法。固定效应利用数据存在某些在时间上不变的特征，控制不可观测但是固定不变的遗漏变量。固定效应需要对个体进行重复观察的面板数据。本书对我国社会保险缴费影响企业投资行为的研究也面临内生性问题，从而影响到因果推断。在本书所有三个实证章节中，都控制住了企业的固定效应。

DID 是一种被广泛应用的方法，DID 为受政策干预的处理组寻找控制组，考察处理组未受政策干预时的趋势。然而，当政策是在全样本层面同时实施时，传统 DID 方法不能适用，此时可以使用模糊双重差分方法（Fuzzy-DID）。Fuzzy-DID 的基本思想是，即使一个政策是在全国所有地区同时实施，但同样的政策会因地区特征或企业特征不同而使政策产生的影响存在差异（Nunn and Qian，2011），因此可以利用这种差异识别政策所带来的效应。在第 4 章中，本书选取 2011 年《社会保险法》的实施作为准自然实验，《社会保险法》的实施对所有的企业都有影响，按照传统方法我们难以划分控制组与实验组。利用企业劳动密集度差异构造识别策略。劳动密集度高的企业相比于劳动密集度低的企业，当受到《社会保险法》的外生冲击之后，承担的缴费负担应该更重。构造《社会保险法》实施与劳动密集度的交乘项,同时控制住企业固定效应和年份固定效应,由此构成了 Fuzzy-DID 的识别策略。

1.3.2 数据来源

本书充分利用多个渠道的微观企业数据,主要使用的数据来自工业企业数据库和上市公司数据,根据具体章节内容需求,各章节使用的数据有所不同。第 5 章研究社会保险缴费对人力资本投资的影响,主要使用工业企业数据库的数据,因为工业企业数据库能够同时提供关于企业社会保险缴费和人力资本投资的相关信息。工业企业数据库覆盖了所有国有企业和年销售收入超过 500 万元的非国有企业(2011 年起为 2000 万元以上),提供了企业生产销售、财务状况等详细信息,被广泛应用于各研究领域。2004 ~ 2007 年工业企业数据库还提供了关于企业职工教育经费的数据,可用于研究企业人力资本投资。

第 4 章和第 6 章主要使用上市公司数据。第 4 章和第 6 章分别研究社会保险缴费对企业金融投资和风险承担的影响,金融投资和风险承担需要详细的企业财务数据进行构造,上市公司数据提供了丰富的财务数据,能够满足研究需要。选取 A 股非金融业上市公司作为研究样本,样本区间是 2007 ~ 2017 年。样本之所以从 2007 年开始,是因为 2007 年我国颁布全新的会计准则,要求企业在财务报表附注中披露"应付职工薪酬"的明细科目,企业层面的社会保险缴费数据才可得。上市公司的财务数据来自国泰安数据库（CSMAR）。

此外，研究中还涉及地区经济状况、货币供应量、就业人数、工会参与情况、劳动争议处理率等宏观地区数据变量。这些宏观数据来自国家统计局、中国人民银行、《中国劳动统计年鉴》等。

1.4　研究创新点

本书立足于我国企业社会保险缴费负担沉重的现状，结合现阶段经济发展对高效投资的需求，梳理了国内外相关文献，把企业投资分解为多个维度，探寻社会保险缴费对企业投资的影响。我国企业社会保险缴费负担沉重与投资结构亟待优化是现实背景，也是本书研究的出发点。在描述和刻画我国社会保险缴费与企业投资现状的基础上，基于制度成本影响企业投资的经济学理论，梳理涉及税收与劳动力市场制度双重领域的社会保险缴费相关文献，建立起将社会保险缴费与多维度的企业投资统一起来的分析框架。从企业投资行为的金融投资、人力资本投资、风险承担等多个维度出发，实证检验社会保险缴费对企业投资行为的影响及其机制。本书的创新主要表现在以下几个方面。

第一，丰富了对社会保险缴费影响的研究。国内外文献利用微观数据研究社会保险缴费对企业行为影响的研究不足，这一方面缘于社保制度在全国层面统一实施导致缴费差异性难以找到，另一方面缘于披露企业层面社会保险缴费数据难以获得。已有社会保险缴费的文献注重从社会保险缴费对员工就业与工资影响方面探讨社会保险缴费的税收归宿问题，相对缺少对社会保险缴费引起企业其他方面后果的关注。随着微观数据的丰富，在目前的研究前沿上，学者们开始不再单独研究社会保险缴费的就业效应和工资效应，转而更加关注社会保险缴费其他方面的税收归宿，如企业获取的利润、消费者负担的产品价格等，也涌现了一批关于社会保险缴费对企业投资行为影响的实证研究。然而，国内关于这一领域的研究仍然较为缺乏。针对于此，本书利用工业企业数据库和上市公司的微观数据，获取企业关于社会保险缴费的详细信息，系统地研究社会保险缴费对企业投资行为的影响。

第二，完善了社会保险缴费对企业投资影响的研究框架。从理论上讲，社会保险缴费影响企业投资的渠道较为丰富，社会保险制度跨越税收和劳动力市场制度两个领域，已有文献从税收和劳动保护两个角度为社会保险缴费如何影响企业投资提供了研究视角，但是两个领域的理论和知识没有形成统一的框架。目前，关于社会保险缴费影响的实证研究集中关注社会保险缴费的税费性质，对社会保险的福利性质较为忽视。社会保险缴费负担不能完全转移给员工时，企业面临劳动力成本提高和现金流出增加，企业的投资收益和投资能力都受到冲击，这种压力会导致企业投资行为发生变化。社会保险的"缴费—福利"联系能够激励员工工作积极性，提高劳动生产率，这一"缴费—福利"联系塑造企业投资行为。本书将社会保险缴费的税费性质和社会保险的福利性质统一在一个框架之内，全面考察社会保险缴费对企业投资行为的影响，从社会保险缴费作为"税收"和社会保险提供福利两个角度对社会保险缴费的影响展开分析，完善了社会保险缴费对企业投资影响的研究框架。

第三，丰富了企业投资行为的内涵。传统经济学理论往往重视企业固定资产投资，已有关于社会保险缴费对投资的影响一般也指固定资产投资。近年来，随着经济学、管理学等领域的理论与概念不断融合与发展，投资概念得到拓展，金融投资、无形资产投资、人力资本投资、风险承担等逐步得到重视。本书基于已有关于社会保险缴费和企业投资的理论，从社会保险缴费对企业金融投资、人力资本投资、风险承担三个方面的影响丰富了现有文献。中国投资面临转型与结构优化的关键时期，研究社会保险缴费对企业投资结构与取向的影响具有重要的现实意义。在推进供给侧结构性改革的背景下，企业为了获取高收益和有前景的市场发展，进行促进高新技术发展的人力资本投资和高风险投资十分重要。同时，我国虚拟经济"热"与实体经济"冷"是经济最突出的结构性矛盾之一，如何理解企业加大金融投资的逻辑，对当前阶段我国经济发展具有重要的现实意义。

第 2 章
文献综述

本章分别从社会保险缴费对企业的影响及其机制、企业投资的概念及投资决策理论、社会保险与企业投资既有实证研究三个方面回顾了相关研究和最新进展。2.1 节介绍了社会保险缴费对企业的影响及其机制，梳理了竞争性劳动力市场、非竞争性劳动力市场中社会保险缴费影响的文献，同时对社会保险的劳动保护效应相关文献进行了综述。2.2 节对企业投资概念及投资决策理论进行了系统性回顾，对各类企业投资概念和丰富的投资理论进行梳理和总结。2.3 节重点关注国内外社会保险与企业投资既有的实证研究，进行详细综述和归纳。

2.1 社会保险缴费对企业的影响及其机制

为了总结社会保险缴费对企业的影响，有必要对"社会保险"的含义进行明确的定义。传统的社会保险概念见于国际劳工组织制定的各种标准中。根据国际劳工组织第 67 号建议书

（Recommendation No. 67），收入保障计划（income security schemes）将因无法工作（包括老年）、无法获得有报酬的工作、主要收入者死亡等导致的收入损失恢复到合理水平，减轻匮乏并防止贫困。收入保障计划应尽可能以强制性社会保险（compulsory social insurance）的方式实施，强制性社会保险未涵盖的需求应通过社会救助（social assistance）来提供。第69号建议书（Recommendation No. 69）还建议，医疗服务应通过社会保险医疗服务（social insurance medical care service）提供，并通过社会救助或公共医疗服务提供补充。第102号公约（Convention No. 102）确定了九个社会保险领域：医疗保健、疾病、失业、老年、工伤、家庭、生产、残废、丧偶福利。

就本书的目的而言，社会保险指强制性的、分担性的政府计划，如果满足某些条件，该计划将为个人提供福利（Krueger and Meyer, 2002）。与政府通过一般税收筹集资金来提供公共服务相比，强制性福利（mandated benefits）至少具有两个可能的优势，一是强制性福利可能会为工人提供更多选择，二是强制性福利可能减少对经济活动的扭曲，因此，强制性福利更具成本效益（Summers, 1989）。一般而言，社会保险以专门的工资税（payroll tax）或保险费（contribution）的形式筹措资金，并且具有强制性。社会保险待遇的受益范围通常仅限于为该社保的融资作出贡献的人群。在实践中，社会保险通常是社会为具有灾难性后果的事件（例如，因工作原因受到事故伤害）或个人可能无法自行计划的事件（例如，退休）分担风险的方式。更慷慨的社会保险待遇将提供更大的风险防范能力，同时也会产生更大的扭曲效应。具体而言，我国的社会保险主要包括养老保险、医疗保险、失业保险、工伤保险和生育保险。

2.1.1　竞争性劳动力市场中的社会保险缴费

竞争性的劳动力市场中的税收归宿（tax incidence）分析为研究社会保险缴费对企业的影响提供了起点。所谓竞争性的劳动力市场，是指具有完美信息并且不存在摩擦的劳动力市场，员工和企业可以完美地了解其他公司提供的工资或劳务，不存在员工和职位匹配时的求职或面试成本等摩擦（Boeri and Van Ours，2013）。在竞争性劳动力市场中，社会保险缴费在保留工资和劳动生产率之间建立楔子（wedge），干扰了有偿服务的交换。社会保险缴费能否对企业形成影响取决于员工的税收归宿，如果社会保险缴费负担完全以工资降低的形式转移给雇员，社会保险缴费将不会对企业产生影响；一旦社会保险缴费负担没有完全转移给员工，企业将可能受到影响（Skedinger，2014）。

根据标准的竞争性劳动力市场理论，社会保险缴费的税收归宿受劳动力需求弹性、劳动力供给弹性、员工对社会保险缴费的估价三种因素的影响。格鲁伯（Gruber，1997），阿泽马尔和德博尔德（Azémar and Desbordes，2010）和博尔哈斯（Borjas，2013）都详细地论述了竞争性劳动力市场中社会保险缴费负担的税收归宿问题。图 2-1 描绘了在竞争性劳动力市场中，社会保险缴费的税收归宿由劳动供给弹性和劳动需求弹性决定。图 2-1 中，横轴代表就业水平，纵轴代表工资水平。无社会保险缴费时，S_0 为劳动力供给曲线，D_0 为劳动力需求曲线，在点 (E_0, W_0) 处实现劳动力市场均衡。当征收社会保险缴费 p 时，劳动需求曲线向下平移到 D_1，两条需求曲线之间的垂直差为社会保险缴费金额 p。这是因为，仅当每个工人的总劳动力成本为 W_0 时，企业才愿意雇用数量为 E_0 的员工。因此，强制征收社会保险缴费后，企业愿意为数量为 E_0 的员工支付的工资为 $W_0 - p$。征收社会保险缴费后，劳动力市场在点 (E_1, W_1) 处达到均衡。当 $W_1 + p > W_0$ 时，社会保险缴费负担由企业和员工共同承担。因此，社会保险缴费负担的分摊类似于税收归宿，取决于劳动需求弹性和劳动供给弹性。劳动供给曲线越无弹性，转移给雇员的社会保险缴费负担就越大。如果劳动供给曲线完全无弹性，则社会保险缴费负担将全部转移给员工。相反，劳动需求曲线越无弹性，转移给雇主的社会保险缴费负担就越大。

进一步地，图 2-1 还展示了当员工重视社会保险缴费购买的福利时，社会保险缴费的税收归宿发生的变化。萨默斯（Summers, 1989）指出，社会保险缴费不同于普通税收的重要特征是，社会保险缴费通常仅仅用于资助某种对员工有利的福利项目，这为员工创造了缴费—福利联系。由于存在这种缴费—福利联系，员工将对社会保险缴费带来的福利赋予一定的价值，这

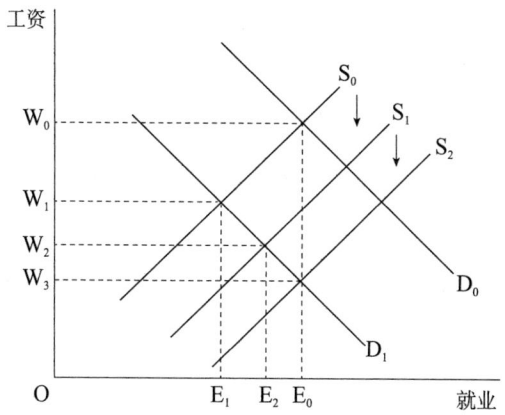

图 2-1 竞争性劳动力市场中社会保险缴费负担的税收归宿

将减少社会保险缴费的就业效应。假设员工对社会保险福利所赋予的价值为 b，那么劳动供给曲线 S_0 将向下平移 b 个单位至 S_1。因为员工将社会保险福利的价值视为 b，所以企业只要付给员工 $W_0 - b$ 元，数量为 E_0 的员工将愿意工作。结果，均衡在点（E_2，W_2）达成，就业下降到 E_2，工资下降到 W_2。相比均衡点（E_1，W_1），由于员工赋予社会保险福利价值，他们将接受更低的工资。值得关注一种特殊情况，当 b = p，员工对社会保险福利的评价与社会保险的成本相等，劳动供给曲线 S_0 将向下平移 p 个单位至 S_2。在新的均衡点（E_0，W_3），就业仍为 E_0，公司的劳动力成本 $W_3 + p$ 与无社会保险缴费时的均衡工资 W_0 相等，此时社会保险缴费负担完全由员工承担。因此，除了劳动需求弹性和劳动供给弹性外，社会保险缴费负担的税收归宿还取决于员工对社保福利的评价。员工对社保福利的评价越高，社会保险缴费负担

27

就越多地以降低工资的形式转移给员工。

格鲁伯（Gruber，1997）通过构建数学模型对竞争性劳动力市场中社会保险缴费的税收归宿问题进行了更加规范的论证。假设劳动需求和劳动供给分别为 $D = D[w \times (1 + t_f)]$ 和 $S = S[w \times (1 - at_e) + qwt_f]$，其中 w 是工资，t_f 是企业社会保险缴费费率，t_e 是员工社会保险缴费费率，a 是员工对员工社会保险缴费价值的折扣，q 是员工对企业社会保险缴费的估价，当员工对社会保险福利的评价与社会保险的成本相等时，$a = 0$ 且 $q = 1$。求解该模型，得到均衡条件：$(dw/w)/dt_f = \dfrac{h_s q - h_d}{h_d - h_s \times (1 - at_e)}$，其中 h_s 和 h_d 分别是劳动供给弹性和劳动需求弹性。这表明，社会保险缴费负担转移给工资的程度取决于三个因素：劳动供给弹性 h_s、劳动需求弹性 h_d、员工对社会保险缴费的估价 a 与 q。在三种情况下，社会保险缴费负担将完全转移给工资 $[(dw/w)/dt_f = -1]$：一是员工对社会保险福利的评价与社会保险的成本相等（$a = 0$ 且 $q = 1$）；二是劳动供给弹性为 0；三是劳动需求弹性为无限大。换而言之，社会保险缴费负担完全转移给工资可能是由于极具弹性的劳动需求、无弹性的劳动供给，或完全的缴费—福利联系。

社会保险缴费负担如何产生工资效应和就业效应一直是大量实证文献关注的焦点。早期研究主要通过国家内部的时间变化或者国家之间的比较对社会保险缴费的影响进行估计，结论是含混的（Deslauriers et al.，2018）。由于可能存在影响劳动力市场和社会保险缴费政策的国家特定因素，仅在国家总体水平上进行分析的这些结论不能令人信服。随后的研究基于国家内部的社会保险缴费率的变化，或者公司、工人或地区之间社会保险缴费率的差异，使用 DID 等识别方法进行估计，大多数研究发现，社会保险缴费负担完全转移到工资上，就业受到的影响有限。例如，格鲁伯（Gruber，1997）对智利的研究、库格勒和库格勒（Kugler and Kugler，2009）对哥伦比亚的研究、本马克等（Bennmarker et al.，2009）对瑞典的研究都使用自然实验的方法，发现工资税完全转移给员工。在对 52 项实证研究的荟萃分析中，梅尔吉索和冈萨雷斯－帕拉莫（Melguizo and González-Páramo，2013）发现，在盎格鲁－撒克逊国家（Anglo-Saxon countries）工资税和社会保险缴费负担主要由员工承担，雇主承担了大约 33% 的负担；在北欧国家，工资税税收负担更多地转移给员工，工资税对就业没有统计上或经济上的显著影响。最近的一些研究，例如诺埃曼（Neumann，2017）关于德国社会保险缴费上限带来不连续性的研究，发现雇主和雇员共同承担社会保险缴费负担。此外，赛斯等（Saez et al.，2012）针对希腊 2009 年一项社会保险缴费改革的研究，发现雇主承担增加的雇主工资税，雇员承担增加的雇员工资税。

近年来，学者们开始不再单独研究社会保险缴费的就业效应和工资效应，转而更加关注社会保险缴费其他方面的税收归宿，如企业获取的利润、消费者负担的产品价格等。一部分文献直接指出，一旦社会保险缴费改变了企业的劳动力成本，企业利润、投资等一系列行为都将受到影响，并通过实证研究检验社会保险缴费对企业利润或投资的影响（Månsson and Quoreshi，2015；Kaunitz and Egebark，2019；Korkeamäki，2011；Skedinger，2014）。蒙松和库雷希（Månsson and Quoreshi，2015）认为，工资税减税意味着企业的劳动力成本下降，短期内导致利润增加，企业从减税中获得的利润增加为企业创造了多种可能性，企业既可以降低产品价格增加市场份额，扩大生产能力，增加劳动力和资本的投入，也可以提高员工工资或增加股东收入。基于瑞典2002 年地区性工资税减税改革，使用 DID 方法，蒙松和库雷希（Månsson and Quoreshi，2015）评估了工资税减税对企业利润、营业额、投资、工资的影响，结果发现，短期利润和营业额增加，随后转变为工资的增加，7 年后发现了投资增加。谢丁格（Skedinger，2014）认为，在短期内和不完全竞争的情况下，较低的工资税可能会转化为更高的利润。对瑞典 2007 年削减年轻工人工资税的改革进行评估，仅关注零售业，谢丁格（Skedinger，2014）发现，减税对就业和工资的影响很小，同时减税具有增加利润的效应。考尼茨和埃格巴克（Kaunitz and Egebark，2019）指出，工资税的降低将减少企业的劳动成本，一般而言将对企业投资产生规模效应和替代效应两种效应，二者谁占主导是一个悬而未决的问题。短期来看，较低的劳动力成本将增加劳动需求，企业将用劳动替代资本，从而减少资本投资，产生负向的替代效应；然而长期来看，由于资本和劳动也可以互为补充，较低的劳动力成本可能会增加企业总产出，增加企业投资，形成积极的规模效应。同样，对瑞典 2007 年针对年轻工人工资税削减的改革进行评估，但不仅限于零售业，考尼茨和埃格巴克（Kaunitz and Egebark，2019）发现，减税引起的劳动力成本降低没有对企业盈利能力产生影响，对总投资的影响可以忽略不计。科凯亚迈基（Korkeamäki，2011）基于已有多篇研究中芬兰北部工资税减税改革并未形成直接就业增长效应和似乎具有工资增长效应的结论，以及近年来关于最低工资影响企业利润的广泛研究结论，推论工资税可能会影响企业的盈利能力。通过对芬兰北部和东部 2002 年工资税免税改革进行评估，科凯亚迈基（Korkeamäki，2011）并未发现工资税免税对就业水平、工资、利润产生显著影响。

另一部分文献强调厂商生产、劳动力市场、产品市场的相互作用，指出产品市场的产出需求弹性、厂商的资本—劳动替代将对劳动需求产生影响，从而影响到社会保险缴费负担的税收归宿（Benzarti and Harju，2018；Deslauriers et al.，2018）。例如，德洛里耶等（Deslauriers et al.，2018）认为，理论上工资税的影响不能确定，它可以传递给消费者、员工或者股东，消费者承担税收会导致产品的市场竞争力下降，员工承担税收会降低员工素质和就业水平，股东承担税负将导致利润降低。本扎蒂和哈留（Benzarti and Harju，2018）分别运用常数替代弹性生产函数

（constant elasticity of substitution production function，CES）和固定投入比例生产函数（Leontief production function，列昂惕夫生产函数，又称固定投入比例生产函数）构建模型，研究资本和劳动力如何应对工资税的变化。结果表明，企业的劳动需求弹性和资本需求弹性的变化，都与资本与劳动之间的替代弹性有关。结合影响社会保险缴费负担归宿的重大因素之一是劳动需求弹性这一理论，这就说明，资本与劳动的替代弹性将影响社会保险缴费的税负归宿。本扎蒂和哈留（Benzarti and Harju，2018）还得出结论，如果资本与劳动之间的替代弹性大于0，那么劳动力成本增加时投资增加；如果资本与劳动之间的替代弹性等于0，资本不能替代劳动，那么劳动力成本增加时劳动力和投资以相等的份额减少。博埃里和范乌斯（Boeri and Van Ours，2013）在贝尔托拉和博埃里（Bertola and Boeri，2002）开发的静态竞争性劳动力市场模型的基础上，分析工资税的影响，并指出当全球化冲击导致产品市场竞争加剧时，劳动需求将变得更有弹性，将增加工资税对就业的不利影响。此外，与社会保险缴费负担归宿密切相关的最低工资归宿的文献中，近年来学者们强调劳动力与其他要素投入之间的替代弹性、产出的需求弹性对最低工资归宿产生重要影响（Aaronson and French，2007；Harasztosi and Lindner，2019）。豪劳斯托希和林德纳（Harasztosi and Lindner，2019）指出，资本对劳动的替代弹性高使得企业使用资本替代劳动，产出需求缺乏弹性使得企业将负担传递给消费者，最后导致最低工资的就业效应有限。

2.1.2　非竞争性劳动力市场中的社会保险缴费

探讨非竞争性劳动力市场中劳动力市场制度的影响是近年来学术关注的热点问题。由于存在垄断、信息不对称、外部性、工作匹配过程中的交易成本和摩擦、工资僵化，现实生活中往往不存在竞争性劳动力市场。非竞争性劳动力市场偏离了完全竞争市场的效率均衡，为劳动力市场制度纠正市场失灵、提高经济效率提供了理论依据（Boeri and Van Ours，2013）。

一部分文献认为，社会保险缴费会对劳动力市场和企业产生怎样的影响，取决于劳动力市场的假设（Pissarides，1998；Goerke，2012；Sørenson，1997；Boeri and Van Ours，2013）。皮萨里季斯（Pissarides，1998）构建了工会谈判模型（union bargaining models）、搜索模型（models of labor market search）、效率工资模型（efficiency wage models）三种非竞争性劳动力市场，分别研究工资税的影响，结果发现，三种非竞争性劳动力市场与竞争性劳动力市场相比，工资税的影响各有不同。在工会谈判模型和搜索模型中，因为企业和工人都认为工资税税额会受到工资水平的影响，工资税同时改变了劳动需求方程和工资设定方程，并且工人和企业可以对工资进行讨价还价，因此工资税对就业的影响较小；在效率工资模型中，公司试图通过向员工提供高于市场水平的溢价来激励员工，劳动供给曲线将比完全竞争市场中的更具弹性，工资税对就业的影响更大。格克（Goerke，2012）详细论证了在工会和企业对工资进行谈判的管理权模型（right to manage）、工会和企业对工资与就业进行谈判的有效合同模型（efficient contracts）以及内生成员资格模型（models of endogenous membership）中，社会保险缴费对就业和工资的影响，指出在不完全竞争的劳动力市场模型中，无法推论出与竞争性市场类似的社会保险缴费产生负面就业影响的明确结论。这是因为工会谈判模型中的工资已经针对税率变化进行了调整，从而使劳动力成本（工资加税）的变化变得模棱两可，削弱了劳动力成本和工资税之间的联系。瑟伦森（Sørenson，1997）区分了工资税的边际税率和平均税率的影响，指出在将非自愿失业解释为一种均衡现象的非竞争性劳动力市场理论中，边际税率的提高将降低工资并促进就业，平均税率的提高倾向于提高平均工资。博埃里和范乌斯（Boeri and Van Ours，2013）认为，工资税是否影响就业取决于劳动力市场的性质，并且边际税率和平均税率的影响有所不同。在完全竞争市场和效率工资市场，边际税率不会产生影响，唯一重要的是平均税率；在讨价还价模型中，无论是搜索模型还是工会谈判模型，边际税率都很重要，而平均税率不重要。

另一部分文献基于发展中经济体存在大量非正规就业的特征，将固定工与临时工的二元劳动力市场（dual labour market）纳入社会保险缴费影响的分析之中。发展中国家存在着大量非正规员工，这些员工在小型、以家庭为基础的非正规企业中工作，或者没有书面的劳动合同。由于这些员工受到流动性约束、财务知识匮乏、对社会保险制度不了解、短视等因素制约，社会保险的价值被他们低估。非正规员工支付社会保险缴费的意愿和能力都很低，他们的社会保险缴费负担往往由雇主承担，这阻碍了正规性就业岗位的创造（Heckman and Pagés，2004）。因此，社会保险缴费负担被许多学者视为发展中国家非正规性过高的主要原因之一（Schneider and Enste，2000）。关于在二元劳动力市场中社会保险缴费形成怎样的影响，存在丰富的研究。福尔廷等（Fortin et al.，1997）、加利亚尼和魏谢尔鲍姆（Galiani and Weinschelbaum，2012）将工资税纳入存在非正规部门的异质性公司模型，发现工资税阻碍了正规性。帕热斯（Pagés，2017）指出，在二元劳动力市场中，非正规劳动部门的存在会加强社会保险缴费对正规就业的负面影响，社会保险缴费通过增加劳动力成本影响企业对正规工的需求；同时，由于非正规部门的工人不重视社保福利，社会保险缴费的增加降低了非正规部门工人去正规部门工作的意愿。此外，社会保险缴费对正规性就业的影响可能存在非对称性。安东（Antón，2014）在一个具有职业选择和非正式性的动态均衡模型中，分析工资税对正规性就业的影响，发现如果只有非正规劳动者获得补贴，参加正规性工作的动机就会减弱，这将加强社会保险缴费的增加对正规性就业的不利影响，也将削弱社会保险缴费的降低对正规性就业的促进作用。

此外，最低工资制度、工会集体谈判、薪酬公平规范等因素导致的工资僵化（wage rigidities）或实际工资阻力（real wage resistance），阻止工资根据工资税的变化而发生调整，影响工资税的税负归宿，这一问题引发了越来越多的关注（Gruber，1997；Nickell and Bell，1997；Skedinger，2014；Azémar and Desbordes，2010；Saez et al.，2012；Saez et al.，2019）。格鲁伯（Gruber，1997）指出，完全竞争性劳动力市场中企业可以随时转嫁工资税的税收负担，但是如果工人已经处于最低工资水平，那么工人的工资就不能再降低以承担工资税的税收负担。尼克尔和贝尔（Nickell and Bell，1997）强调，由于最低工资法、工会、福利制度等产生了最低工资标准，底端工人的工资不能灵活变化，工资税不会完全由劳动者负担。谢丁格（Skedinger，2014）认为，集体谈判会阻碍社会保险缴费负担转移给工资。通过集体谈判，工资被设定在若干年内保持固定水平，只有当协议到期重新协商工资时，工资调整才会发生。克鲁格等（Kugler et al.，2017）认为，由于最低工资制度的约束，工资税的影响很可能是不对称的，工资税的降低更容易以较高工资转嫁给员工，工资税的增加难以以较低工资转嫁给员工。

部分学者就工资僵化或实际工资阻力如何影响工资税或社会保险缴费的税收归宿展开了实证研究。阿泽马尔和德博尔德（Azémar and Desbordes，2010）估计了社会保险缴费对经合组织国家制造业劳动力成本的短期影响和长期影响，发现社会保险缴费的影响取决于工资谈判的协调程度。在工资谈判协调程度低的国家，长期来看社会保险缴费负担的大约55%转移给了工人；在工资谈判协调程度高的国家，社会保险缴费负担似乎完全转移给了工人。阿泽马尔和德博尔德（Azémar and Desbordes，2010）对此的解释是，在工资谈判协调程度高的国家，工会将考虑其作出的决定对失业的影响，并且更有可能将社会保险缴费与社保福利之间的关系内部化。塞斯等（Saez et al.，2012）指出，工资不仅由边际产品决定，还受工会议价能力、薪酬公平规范等影响，这将会影响到工资税的税收归宿。由于薪酬公平规范，为避免薪酬歧视对公司士气和生产率的不利影响，雇主无法为相似的工人支付不同的工资；工会的议价和反歧视规则会要求公平的工资；在资历工资标准下，年轻工人的劳动报酬低于其生产力，老年工人的劳动报酬高于其生产率。基于希腊1992年实施的增加1993年之后开始工作工人的工资税缴纳上限的改革，估计工资税对就业和工资的影响，塞斯等（Saez et al.，2012）发现，雇主承担新增加的雇主缴纳的工资税，员工承担新增加的员工缴纳的工资税，这一结果为薪酬公平规范、工会集体谈判、资历工资标准制约工资税的工资效应提供了经验证据。塞斯等（Saez et al.，2019）基于瑞典2007年针对年轻工人削减工资税的改革，发现工资税降低并没有对市场工资产生影响，企业通过租金分享机制，将年轻工人工资税降低所得的收益重新分配给本公司内所有员工。塞斯等（Saez et al.，2019）对工资税不影响市场工资的解释是，公司内部薪酬公平规范或工会谈判导致的工资僵化。

2.1.3 作为劳动保护的社会保险

实践中，劳动力市场制度同时执行多项职能，一方面纠正市场失灵，另一方面满足特定利益群体的要求。许多劳动力市场制度倾向给予市场中部分劳动力以特权，将雇员与外界的竞争隔离，在更加僵化的劳动力市场中，工资保持稳定，并且存在工资压缩（wage compression）、正规工人的就任时间很长的现象（Boeri and Van Ours，2013）。社会保险是劳动力市场制度的重要组成部分，也具有多重影响。

社会保险的缴费—福利联系，为员工提供了福利和劳动保护，使得社会保险缴费对劳动力市场的影响不同于普通税收。一方面，员工对社会保险项目带来的福利评价越高，雇主越容易以降低工资的形式将社会保险缴费负担转移给员工（Summers，1989）。另一方面，它提供的保险福利和劳动保护也会对劳动力市场和企业产生影响。获得社会保险福利的前景可能会诱使一些年轻人加入劳动力市场，而提供福利会导致年长的工人离开劳动力市场。

由于各类社会保险项目提供的福利不同，应分别对各类社会保险如何影响劳动力市场进行综述。克鲁格和迈耶（Krueger and Meyer，2002）综述了失业保险、工伤保险、养老保险等社会保险对劳动供给的影响。失业保险至少从五个方面影响劳动力供给：第一，失业保险削弱员工寻找其他工作的努力和从事当前工作的努力，增加失业率。失业保险的存在增加了公司裁员的可能性。第二，失业保险金的慷慨度会提高劳动者要求获得失业保险金的可能性。随着失业保险金慷慨度的提高，申请失业保险金的收益更有可能抵消申请的污名成本（stigma costs）和交易成本。第三，失业保险会对工作施加隐形税，失业保险金的福利水平和领取期限会增加失业的价值，抬高保留工资，延长失业期。失业者延长寻找工作的时间，可以提高工作匹配质量，提高劳动生产率（Nekoei and Weber，2017；Card et al.，2007；Lalive，2007；Van Ours and Vodopivec，2008）。第四，失业保险对当前没有资格获得失业保险福利的工人或当前失业保险金接近领取完毕的工人具有"权利效应"（entitlement effect），这些工人将更加努力地寻找工作（Mortensen，1977）。由于将来可能获得具有失业保险的工作，当前没有资格获得失业保险福利的工人将更努力地寻找工作。一方面，当失业者能够领取失业金的期限较长时，较高的失业保险金将抑制失业者寻找工作；另一方面，当失业者能够领取失业金的期限所剩不多时，较高的失业保险金将激励失业者积极寻找工作。第五，失业保险会减少配偶的工作。失业保险金可能挤出工人失业时配偶劳动供给的增加。

相比其他社会保险，经济学家对工伤保险的关注相对较少。少量文献研究了工伤保险的慷慨度对工伤持续时间的影响（Butler and Worrall，1985；Krueger，1990；Ruser，1991；Meyer et al., 1995；Bolduc et al., 2002；Neuhauser and Raphael，2004）。工伤保险从四个方面影响劳动供给：一是工伤保险的提供会增加工人受到伤害的可能性。当企业可以补偿工人受到的伤害时，造成伤害的损失成本降低，企业将采取更少的措施来预防伤害。二是工伤保险金的慷慨度会提高劳动者要求获得工伤保险金的可能性。与失业保险类似，工伤保险金慷慨度的提高将增加申请失业保险金的收益，领取工伤保险金的收益更有可能超过收入损失、交易成本和污名成本。三是工伤保险金会通过增加收入来降低工人的工作动力。受伤后的每个时期，工人将工伤保险金收益与闲暇收益之和与工作能够获得的收益进行比较，从而决定是否参加工作。考虑到带伤工作带来的不便，以及休息更长的时间有助于康复并提高生产率，较高的工伤保险金将延迟工人恢复工作的时间，但更有可能促进工人完全恢复。值得注意的是，工伤保险金只具有收入效应，没有替代效应（Powell and Seabury，2018）。四是工伤保险提供的福利使得具有工伤保险的工作更有吸引力，劳动供给将因工伤保险提供的福利而增加。

养老保险以多种方式影响劳动供给：第一，养老保险为退休人员提供了养老金给付，产生了"财富效应"（wealth effect），激励退休（Fetter and Lockwood，2018）。对于接近退休年龄的老年人来说，养老金给付的意外增加将会对退休决策产生很大的影响，因为这些老年人已经不能改变生命周期中早期的消费或工作计划。第二，非精算中性的养老金给付将影响劳动供给。养老金财富随着退休年龄发生改变导致了养老金的非精算中性，影响退休决策。第三，养老金缴费影响劳动供给。养老金缴费对劳动供给具有传统的收入效应和替代效应，养老金保险提供的福利具有"权利效应"（entitlement effect），增加劳动供给。

社会保险对突发性事件或工人无法自行计划的事件进行风险防范，为员工提供了保险福利，这将对企业生产经营和投资决策产生影响。一方面，社会保险的提供具有"权利效应"，能够提高现有员工的努力程度或吸引更加优秀的员工，从而影响企业业绩。帕卡德和蒙特内格罗（Packard and Montenegro，2017）研究最低工资、就业保护和社会保险三种劳动力市场制度对企业数字技术采用的影响，指出虽然更高的工资成本可能会限制企业的选择、减缓新技术的采用，但更高的工作保障可能会吸引"更聪明的人"，更长的就业机会使工人能够发展专业知识并鼓励雇主投资以提高员工能力。李和托姆（Lee and Torm，2017）基于越南2006～2011年所有注册非国有制造业企业数据，研究社会保险覆盖对中小企业绩效的影响，发现社保覆盖显著提高了企业利润。李和托姆（Lee and Torm，2017）认为，缴纳社保的公司可能能够吸引更有动力的员工或提高现有员工的积极性；此外，对企业社会责任的承诺和重视以及对劳动法规的遵守，可能改善了企业与大公司的业务关系，总之，企业获得了与提供社会保险相关的潜在利益。

另一方面，社会保险尤其是失业保险的条款变化通过影响员工对失业风险的担忧，改变企业的冒险行为，逐渐引发关注。现有的劳动力与金融的研究表明，工人面临的失业风险是企业财务政策的驱动因素之一（Titman，1984；Berk et al.，2010；Agrawal and Matsa，2013）。阿格拉沃尔和马察（Agrawal and Matsa，2013）的研究显示，较高的失业救济金导致公司杠杆增加。他们认为，随着失业保险金的增加，企业使用保守财务政策来减少工人下岗风险的动机降低，结果，企业将提高杠杆率，享受债务"税盾"和其他债务融资收益。埃卢尔等（Ellul et al.，2016）利用美国失业保险金福利的州级变化，研究失业保险金与企业 CEO 薪酬结构的关系，发现在失业保险金变得更加慷慨之后，随着工人对财务困境风险的承受能力增强，董事会通过为经理提供更多的冒险动机来重塑公司的风险环境。德沃斯和拉赫曼（Devos and Rahman，2018）发现，公司通过维持大量的财务资源（如现金）来管理工人对工作安全的看法，在失业保险金增加之后，由于员工失业风险降低，企业的现金持有量显著下降。王和郑（Wang and Zheng，2018）指出，失业保险金可以降低公司与劳动力搜索和离职成本有关的风险，因此可以将其视为一种风险管理，基于 2003～2012 年美国企业级数据的研究，发现失业保险金和企业现金流量的波动负相关。

2.2　企业投资的概念及投资决策理论

2.2.1　企业投资的概念

在传统的新古典经济学中，企业被视为一个"黑匣子"，投资行为是企业追求利润最大化时的最优解。詹森和梅克林（Jensen and Meckling，1976）指出，尽管经济学文献中充斥着"企业理论"，但通常归入该标题下的研究不是企业理论，而实际上是企业作为重要参与者的市场理论。企业是一个"黑匣子"，其运作是为了满足有关投入和产出的边际条件，从而使利润最大化或者现值最大化。这些理论不能解释企业如何使各个参与者相互矛盾的目标达到均衡，从而得到利润最大化。无论是标准要素投入的增长模型（theories of growth based on standard inputs），还是科学家和工程师产生思想的内生增长模型（theories of endogenous growth based on the production of ideas by scientists and engineers），这些理论都以生产函数作为分析的组织框架（Corrado and Hulten，2010）。这种传统理论忽略了企业通过在技术专长、产品设计、市场开发和组织能力等方面进行复杂投资获得的产出，不利于理解微观层面的企业投资行为（赵静和陈晓，2016）。

近年来，一系列实证文献旨在通过更加详细地描绘微观企业的商业活动来丰富企业投资理论，投资的概念也随之扩张。随着越来越多的企业的生产方式逐渐展现出不局限于产品制造，更加关注服务、产品开发、设计或营销的趋势，这种拓展性的分析框架更加具有吸引力。这些文献从多个角度对企业投资的概念进行拓展。

一部分文献关注金融扩张对非金融企业的行为的影响，强调企业越来越重视金融投资。自20世纪70年代以来，伴随全球金融的长期扩张，涌现出一系列关于金融部门的规模和作用的研究（Davis，2017）。美国金融部门的规模大幅增长，金融部门占据总GDP、总就业、总利润、总资产的很大比例（Krippner，2005）。美国之外其他国家的金融部门也具有类似的发展趋势。菲利蓬和雷谢夫（Philippon and Reshef，2013）描绘了众多发达经济体中金融收入份额的增长；霍尔达等（Jordà et al.，2017）记录了20世纪下半叶私人信贷的国际扩张。这种金融扩张不仅反映在金融部门的规模和范围上，还反映在非金融部门的行为上（Krippner，2005）。非金融企业的行为变化主要表现在三个方面：一是投资组合构成向金融资产转变（Crotty，2005）；二是外部融资结构发生变化，负债和自有股票回购增长（Davis，2016）；三是企业金融渠道利润增长（Krippner，2005），企业支付给金融市场的利润也在增长（Orhangazi，2008）。

在关于企业金融化和企业金融投资的文献之中，金融投资与实物投资之间的关系一直是学者关注的焦点之一。部分学者基于"投资组合观"（portfolio view of investment），指出金融资产收益率的提高有效地增加了企业实物投资的机会成本，企业分配更多的资金给金融投资，降低固定资产投资（Demir，2009；Orhangazi，2008）。经济的不确定性进一步增加了企业进行金融投资的偏好，由于金融投资具备流动性、可逆性，固定资产投资具备不可逆性，出于规避风险的考虑，面临经济不确定性的企业更倾向于投资金融资产（Tornell，1990）。这种"投资组合观"与托宾（Tobin，1965）关于企业金融投资与固定资产投资竞争资金的观点相吻合。金融投资与实物投资的负向关系在一系列实证文献中得到了证实。斯托克哈默（Stockhammer，2004）通过对美国、英国、法国和德国的总体商业投资进行时间序列分析，发现美国和英国的金融利润占比与投资呈负相关关系，法国和德国的负相关关系不强。奥尔汉加济（Orhangazi，2008）使用 1973～2003 年美国非金融公司样本的数据进行研究，发现实物投资与资本存量标准化的金融利润之间存在负相关关系。奥尔汉加济（Orhangazi，2008）从两个渠道解释这种负面关系：首先，金融投资和金融利润机会的增加，可能通过改变公司经理的激励和引导资金远离实物投资来挤出实物投资；其次，通过减少可用的内部资金、缩短公司管理层的规划视野、增加不确定性，企业对金融市场的支付阻碍了实物投资。德米尔（Demir，2009）使用公司层面的面板数据，分析阿根廷、墨西哥和土耳其三个新兴发展中国家固定资产投资率低的原因。结果发现，金融投资与固定资产投资的收益率差距、经济总体的不确定性显著降低固定资产投资，显著增加金融投资。

部分学者则认为，金融投资并不一定"挤出"实物投资。戴维斯（Davis，2017）指出，金融投资与实物投资之间是否呈负相关关系取决于企业内部资金有限的假设。然而考虑到，金融投资收益增加企业可用于实物投资的内部资金，以及公司借入资金增加企业内部资金这两种情况时，企业内部资金有限假设被打破，金融投资并不一定"挤出"实物投资。关于第一种情况，戴维斯（Davis，2018）发现，在美国企业总样本中，非金融企业的金融投资回报率与实物投资呈负相关关系；然而，当按照企业规模将样本分为4组，在规模最大的子样本中，金融投资回报率与实物投资短期呈正相关关系。这一结果表明，企业的金融利润与非金融业务之间可能存在互补性，大企业更可能捕获这种互补性。这一实证结果与弗劳德等（Froud et al.，2006）提供的美国大型非金融企业提供汽车贷款和发行信用卡等金融服务的案例相符。这些大型企业进行的专属融资业务不仅可以产生金融利润，还可以增进公司的非金融业务的需求。关于第二种情况，克利曼和威廉斯（Kliman and Williams，2015）认为，当企业金融投资扩张与债务总额扩张同时发生时，企业无须将用于投资固定资产的资金转移给金融投资，企业内部不存在金融投资与固定资产投资的权衡。

另一部分文献认为，仅仅基于企业固定资产投资无法全面衡量企业投资行为，无形资产投资构成企业投资的重要部分，对技术变革和经济增长具有重要影响（Corrado and Hulten，2010）。新古典投资理论是在 30 多年前发展起来的，当时公司主要拥有实物资产，如房地产、厂房和设备。结果，对新古典投资理论的实证检验几乎完全集中在实物资本上。近年来，经济已转向基于服务和技术的行业，这使无形资产如人力资本、创新、品牌、专利、软件、客户关系等变得越来越重要（Peters and Taylor，2017）。科拉多和赫尔滕（Corrado and Hulten，2010）估计，近年来无形资本占公司总资本的 34%。基于对微观企业商业活动的描述，科拉多等（Corrado et al.，2005）分析了研发投资和信息通信技术（information and communication technology，ICT）投资如何相互促进以及如何提高企业生产率。布莱克和林奇（Black and Lynch，2004）、布林约尔松和希特（Brynjolfsson and Hitt，2003）、乔根森等（Jorgenson et al.，2008）强调，为成功利用信息技术投资，公司通常必须在商业组织、工作场所实践、人力资本等领域进行大量的补充投资和创新。

　　将企业在无形资产上的支出视为投资而不是当期成本具有合理性。科拉多等（Corrado et al.，2009）指出，类似于对消费者而言，储蓄是将资源用于提供未来消费而不是当前消费，对生产者而言，投资是当前资源获取未来利润的承诺。固定资产投资满足以上条件，在无形资产上的大量支出也是如此。生物技术领域的研究表明，研发项目可能需要十余年才能产生收入，然后需要在营销方面进行大量投资相配合。虽然其他产品的开发周期可能会更短，但仍然是针对未来的生产和利润而进行的投资，而不是针对当前的生产和利润。在品牌资产和组织能力方面的投资可以说也是针对未来。

许多关于无形资产投资的文献强调人力资本投资的重要性。莱夫（Lev，2001）根据无形资产本身的结构特征将无形资产投资分为三类：创新相关、人力资源、组织，人力资本投资被视为无形资产投资的重要构成。人力资本不仅是"创新引擎"，而且还是知识吸收能力的关键决定因素，它使企业不仅能够产生新知识，而且能够理解和采用外部新知识和技术（Vandenbussche et al.，2006）。布雷斯纳汉等（Bresnahan et al.，2002）论述了在技术变革的背景下，工人技能与组织变革的互补。与生产过程固定且自主裁量有限的传统员工角色相比，新产品的发明和对新组织形式的适应本身要求具有更高的认知技能、灵活性和自主性的员工。一方面，技术变革要求工人具备数据分析技能和一般问题解决能力；另一方面，激励和工作结构的转变也对非认知技能提出更高的要求。温丁（Vinding，2006）认为，受过良好教育的员工通过日常工作为企业知识积累作出贡献。此外，高素质员工通过与公司外部高素质人员的联系，促进了企业对外部知识网络的访问，并增进了外部有用新知识的吸收。温丁（Vinding，2006）发现，企业受过高等教育的员工比例与企业创新能力正相关。一家公司拥有的对其创新活动至关重要的知识是嵌入在公司人力资本之中的，人力资本是公司吸收和消化外部知识能力的关键决定因素。

此外，一部分文献关注企业风险承担，企业家愿意冒险寻求有利可图的机会被认为是长期经济增长的基础。风险是投资决策的固有属性，企业可以被视为不同风险项目的组合。投资决策涉及企业冒险进入未知领域，风险资本占用企业的财务资源，可能使组织的生存受到威胁，企业投资决策被视为具有战略意义的决策（Gehner，2008）。投资决策与承担风险息息相关，经济学、心理学、社会学和管理学都对风险决策这一主题感兴趣。这一文献可以追溯于伯努利的效用理论和贝叶斯定理，摩根斯坦和冯·诺依曼（Morgensternand Von Neumann，1953）以博弈论和囚徒困境引入的主观预期效用理论（subjective expected utility theory），马科维茨（Markowitz，1952）的现代证券理论（modern portfolio theory）和布莱克和斯科尔斯（Black and Scholes，1973）的期权理论（option theory）等经济模型。所有这些理论都假设人们理性地行动，并且旨在使决策的主观预期效用最大化。西蒙（Simon，1960）在风险决策中引入了有限理性。根据该理论，人们有意采取理性行动，但囿于现实世界的复杂性和模糊性、信息有限和决策时间压力，人们只能采取令人满意的（satisficing）决策而非效用最大化的（maximizing utility）决策。在此基础上，学者将心理学融入风险决策，诺贝尔奖获得者特沃斯基和卡内曼

（Tversky and Kahneman，1979）提出的前景理论（prospect theory）是重要的理论。该理论表明，情境的构架方式（framed）将影响个人的风险行为。在对已有理论和实证文献进行综合分析的基础上，西特金和巴勃罗（Sitkin and Pablo，1992）提出由风险倾向和风险感知决定风险行为的模型。风险感知是"决策者对某种情况固有风险的评估"，风险倾向是"决策者承担风险或避免风险的趋势"。风险倾向也被称为风险态度，或者"愿意承担风险的意愿"（Simon et al.，2000）。在此模型中，风险倾向和风险感知成为个人因素、组织因素和项目因素影响风险行为的中间机制。

风险承担是企业投资决策活动的重要选择，是企业利用投资风险创造价值的行为（Faccio et al.，2016）。风险承担可以看作企业生产经营中对预期收益的波动性的选择（Boubakri et al.，2013）。从财务管理的角度来看，投资是财务管理活动的起点，也是核心。理论上，在完美市场中，企业对所有投资项目按净现值 NPV 从高到低进行排序，将投资于所有 NPV 大于 0 的项目。现实中，当企业受到各种外部环境和企业内部因素的影响而采取风险规避的投资策略时，企业将放弃高风险的 NPV 大于 0 的项目，仅仅选择低风险的 NPV 大于 0 的项目，降低风险承担水平，导致非效率投资（李文贵和余明桂，2012）。高风险项目往往具备高收益，对促进技术创新、提高社会生产率、加快资本积累意义重大（Acemoglu and Zilibotti，1997；John et al.，2008）。风险承担改变了企业绩效概率分布，提高了企业绩效的期望值，意味着投资机会的充分识别和利用，有助于提高企业资本配置效率（Faccio et al.，2016）。因此，风险承担有利于促进企业未来成长和企业价值提高，是经济长期增长的引擎（Acemoglu and Zilibotti，1997）。

2.2.2 企业投资的相关理论

经济学中的投资理论大致经历了三个发展阶段。第一阶段以新古典投资理论为主，在这一理论中企业投资的主要决定因素是投资收益率与资金使用成本的相对大小（Hall and Jorgenson，1967）。第二阶段以托宾 q 理论为主导，认为企业投资依赖于对未来股市价格的预期（Yoshikawa，1980；Hayashi，1982）。q 代表资本的市场价格与重置成本的比率，q 比率可以为公司的投资和资本积累提供有效指导。当 q > 1 时，市场价格超过重置成本，这发送出一个信号，表明资本短缺，可提供潜在的投资机会，企业通过投资做出回应。第三阶段以不可逆投资理论为主，强调固定资产投资的不可逆性和不确定性（Cooper and Haltiwanger，2006）。总而言之，这些理论中的投资一般指对生产设备或厂房进行的固定资产投资。

现有关于企业投资的文献主要运用代理理论来研究投资效率问题，区分过度投资和投资不足。在新古典主义经济学的理想框架下，莫迪利亚尼和米勒（Modigliani and Miller，1958）指出，在完备市场中，投资机会的盈利能力驱动企业投资正净现值的项目，企业将投资至投资的边际收益与边际成本相等的水平。然而现实世界中，由于信息不对称和代理问题等市场摩擦的存在，企业投资往往偏离最优投资水平，产生投资不足和过度投资的问题（Stein，2003）。企业内部和外部投资者之间的信息不对称产生逆向选择，导致企业融资成本高昂，还会滋生道德风险，引发管理层的偷懒行为，这些都会导致投资不足（Myers and Majluf，1984；Bertrand and Mullainathan，2003）。同时，管理层与股东之间的利益错位产生代理问题，当管理层进行投资的私人成本大于私人收益时，也会造成投资不足（Jensen and Meckling，1976；Bertrand and Mullainathan，2003；Aggarwal and Samwick，2006）。此外，管理层进行投资时承担全部的风险但不享受全部的收益，风险和收益的不对称也导致投资不足。过度投资问题主要由代理问题引起，包括管理层与股东之间的第一类代理问题和控股股东与小股东之间的第二类代理问题。管理层的收益随着企业规模扩大而扩大，有"帝国建立行为"的冲动，从而导致过度投资（Jensen，1986）。企业高价收购控股股东的资产或进行对控股股东具有协同效应的投资，也会导致过度投资（Johnson et al.，2000）。

学者们进一步对影响企业投资效率的因素进行了识别，主要可以归结为三个方面：一是管理团队的背景特征。高层梯队理论认为，企业战略决策反映了决策者的特质，高层管理人员的人口结构背景特征包括年龄、性别、种族、教育程度、职业背景、任期等，都可能影响高管在管理工作中的偏好，从而影响企业投资决策（Hambrick and Mason，1984）。姜付秀等（2009）发现，高管的年龄、学历、教育背景和工作经历对中国上市公司的过度投资具有显著影响。李培功和肖珉（2012）指出，高管的任期影响企业的投资水平和投资效率。代昀昊和孔东民（2017）发现，具有海外经历的高管会显著提高公司的投资效率。二是企业的财务状况和治理水平。刘慧龙等（2012）指出，董事会的独立性能够抑制由大股东利益输送所导致的投资不足。李万福等（2011）发现，较差的内部控制会恶化投资效率。三是外部利益相关者和宏观环境。陈等（Chen et al.，2017）发现，分析师报告质量能降低信息不对称，提高投资水平。焦豪等（2017）发现，政府质量会显著提高企业投资水平和投资意愿。徐业坤等（2013）发现，政治不确定性会降低企业的投资支出。

关于企业的金融投资，传统新古典经济学和近期金融化文献给出了不同的理论。传统经济学理论中，适当规模的金融部门在经济中起着至关重要的作用，具备推动经济增长、社会进步和发展的功能（Davis，2017）。相应地，企业金融投资是公司与金融市场沟通的重要工具，具有提高经济效率的功能。索耶（Sawyer，2014）指出，金融部门通过对储蓄、投资资金和投资质量的影响，尤其是将储蓄重新分配给投资资金，发挥促进经济增长的积极作用。莱文（Levine，2005）强调，金融对促进经济增长至关重要，并详细论述了金融多方面的功能：事前产生有关投资的信息、分配资本、监控投资、提供资金后进行公司治理、促进金融和非金融资产的交易、提供风险管理服务、动员并集中储蓄以为投资提供资金、简化商品和服务的交换。帕利（Palley，2013）从五个方面解释传统经济学理论中金融对经济增长的促进作用。第一，委托—代理问题研究了公司与金融市场之间的关系（Jensen and Meckling，1976），主张"股东价值取向"是公司适当且合乎逻辑的目标。第二，金融资产被视为或有债权（Arrow and Debreu，1954），金融可以提高效率，因为金融市场有助于预见未来的经济成果，并允许企业投资具有更好收益和风险组合的投资组合。第三，金融投机通过将价格推回基本面而稳定价格（Friedman，1953）。第四，交易量的增加会增加市场流动性，因此市场价格不易受到个别参与者小规模随机干扰或操纵。第五，托宾q理论认为，当资本的市场价格高于其重置成本时，金融业的发展会促使企业进行投资，q理论支持了对金融市场的乐观看法。

近期金融化文献认为，企业金融投资的扩张是金融化主要表现之一，质疑传统经济理论中金融与经济增长正相关的关系。非金融企业偏好进行金融投资，对实体投资产生负面影响引发了广泛关注（Davis，2017）。金融化相关文献就企业金融投资的扩张给出了多种解释，例如：管理层的规划期变短（Crotty，2005；Aspara et al.，2014），管理层更多地关注当前的获利能力而不是企业长期扩张（Orhangazi，2008；Hein，2012；Hein et al.，2015），自 20 世纪 80 年代以来实体部门的利润减少或外部融资成本增加（Crotty，2005；Orhangazi，2008；Baud and Durand，2012；Lin and Tomaskovic – Devey，2013；Soener，2015），宏观经济的不确定性和公司治理水平变化（Baud and Durand，2012；Akkemik and Özen，2014；Soener，2015），管理层对已经进行金融化的企业的行为的模仿，财务主管和财务顾问的行为传播（Soener，2015）。

　　虽然研究人员在检验投资理论时几乎是将无形资产投资排除在外，但一些学者认为无形资产支出符合资本投资的条件，并且与固定资产投资具有类似之处。无形资产支出符合投资条件，是因为它会减少当前现金流量并增加未来的现金流量（Corrado et al.，2009）。大量实证研究表明，无形资产投资会增加企业的未来利润。例如，莱夫苏吉安尼斯（Lev and Sougiannis，1996）关于研发的文献表明，研发投资增加了企业的未来利润。阿克（Aaker，1991）关于营销的文献发现，拥有更强大的品牌的公司可以获得更高的利润，并且企业价值更高。艾斯菲尔特和帕帕尼古拉乌（Eisfeldt and Papanikolaou，2013）指出，在考虑了有形资本和劳动力之后，使用更多组织资本（organization capital）的公司生产率更高，员工培训会提升公司人力资本，增加公司未来利润。从投资的回报风险和折旧风险来看，无形资产投资与固定资产投资具有类似之处（Peters and Taylor，2017）。类似固定资产投资的风险因投资项目而异，无形资产投资的风险也因投资项目而异。员工培训和品牌建设可能面临较低的风险，研发投资可能具有较高的风险。固定资产投资和无形资产投资都面临折旧风险，并且折旧率是随机的。例如，公司的机器可能因意外的产品市场变化而过时，公司的专利可能因竞争而失去价值。

进一步地，部分文献发现，无形资产投资契合新古典主义分析框架或者投资 q 理论。艾斯菲尔特和帕帕尼古拉乌（Eisfeldt and Papanikolaou，2013）发现，组织资本投资与 q 之间存在正相关关系。阿尔梅达和坎佩洛（Almeida and Campello，2007）使用 q 和现金流量来预测 R&D 投资。陈等（Chen et al.，2007）使用 q 来预测实物投资和 R&D 投资的总和。古里奥和鲁丹科（Gourio and Rudanko，2014）研究 q 与客户资本（customer capital）投资之间的关系。阿尔梅达和坎佩洛（Almeida and Campello，2007）研究资产有形性和财务约束如何影响投资与现金流的关系，发现无形资产较少的公司对投资现金流的敏感性更高。李等（Li et al.，2014）对包含无形资本的 q 理论模型进行结构估计，发现无形资本的调整成本参数要比固定资本大，包括无形资产在内会降低资本的调整成本。

至于风险承担，已有文献主要以代理理论和高层梯队理论为基础进行解释，同时强调风险承担的资源消耗特征。首先，根据代理理论，管理层与股东之间的第一类代理问题，以及股东和债权人之间的第二类代理问题都会影响企业的风险承担。与股东相比，管理层为了规避风险可能不愿意投资高风险项目，过度自信可以在一定程度上缓解这一代理问题（Baker and Wurgler，2013）。债权人在项目成功时只获得固定收益，在项目损失时承担巨大损失，因此股东往往比债权人更有动机进行冒险，从而损害债权人的权益。帕利戈罗娃（Paligorova，2010）发现，股东权益保护程度与企业风险承担水平正相关，法瓦拉等（Favara et al.，2019）发现，债权人权益保护程度与企业风险承担水平负相关。其次，根据高层梯队理论，管理层的人口社会背景等特质会影响企业决策，从而影响企业风险承担水平。已有研究已经发现，管理者的年龄（刘鑫和薛有志，2016；吕文栋等，2015）、性别（Faccio et al.，2016）、个人经历（Malmendier and Nagel，2011）都会影响企业风险承担行为。最后，企业风险承担行为是一项持续性的资源消耗性活动，如果缺乏资源支持，企业投资将会受到不利影响，风险承担水平也将发生改变。

　　基于现有理论基础，学者们从个人、组织、行业、社会等层面对企业风险承担进行了解读。风险倾向既是个人特征，也是组织特征。一家公司的风险承担倾向取决于主要管理人员的个人和团队特征、组织属性、行业思维方式以及社会价值观和信念（Pablo and Javidan，2002）。所有这些因素共同引导决策者的风险承担行为。从个人和团队特征来看，高管的个人和团队风险倾向在公司的投资决策中起着重要作用，因为董事会批准所有重要的战略和投资决策（Florackis et al.，2020）。风险承担不仅在一定程度上取决于高管的性格特征（Chatterjee and Hambrick，2011），还取决于高层管理团队的进取心和受教育程度（Berger et al.，2014）。从组织属性层面来看，企业的控制系统，如公司的资本预算系统、奖励和认可系统以及决策系统等组织属性影响企业的投资风险（Pablo and Javidan，2002）。企业规模、年龄、财务绩效等也会影响企业的风险承担（Kwak and LaPlace，2005）。风险承担还受到组织结构、组织文化和组织策略影响。从行业层面来看，风险承担可能因行业而异。行业特性可能有助于使风险承担趋于某一行业适当的水平。例如，监管环境、竞争的类型和强度、行业增长率、资本强度和流动性壁垒驱动了风险承担具备行业特征（Pablo and Javidan，2002）。从社会层面来看，由于社会价值观和信念的差异，风险承担行为产生差异。群体中的多数成员会在决策过程中将他们的共同立场强加于群体异议者（Zhang et al.，2007）。贾尼斯（Janis，1972）引入了"群体思维"（groupthink）一词描述一种思维模式，在这种模式下，人们深入地参与到高凝聚力群体的活动中，他们争取一致的努力超过了对现实进行理性评估的动力。在发生群体思维的群体中，合规性的规范性压力较大。李等（Li et al.，2013）通过对 35 个国家或地区的公司数据进行分析，发现文化对公司的风险决策产生影响，其中个人主义文化价值观对风险承担具有积极的影响，不确定性规避与和谐的文化价值观具有负面影响。

2.3 社会保险与企业投资既有实证研究

近年来，随着微观数据的丰富，涌现了一批关于社会保险缴费对企业投资行为影响的实证研究。社会保险缴费对企业行为影响研究较为有限，这源于社保制度缺乏地区差异性和企业数据难以获取。现有社会保险缴费对企业行为影响的文献主要集中在社会保险缴费对员工就业和工资的影响上（Saez et al.，2012；Kugler and Kugler，2009；Gruber，1997；Anderson and Meyer，2000；Bennmarker et al.，2009；马双等，2014）。学者们开始逐渐关注社会保险缴费对企业投资的影响，基于丰富的微观数据，运用自然实验等多种方法进行研究。

一部分文献指出，社会保险缴费对企业投资的影响与产品市场需求和资本劳动替代有关。蒙松和库雷希（Månsson and Quoreshi，2015）基于瑞典 2002 年针对部分地区的工资税减税改革，研究工资税对企业营业额、就业、工资、投资、长期债务和利润的影响，发现在公司层面，工资税减税的影响遵循明确的商业逻辑（business logic），短期企业利润和营业额增加，后来转化为工资增加，若干年后投资有所增加。在理论分析中，蒙松和库雷希（Månsson and Quoreshi，2015）以企业的商业逻辑展开分析，认为工资税减税会降低企业劳动力成本，短期内增加企业利润，企业可以任意处置这种利润增加，处置方式之一是根据生产技术增加劳动力或资本以扩大生产，降低产品价格以增加市场份额。他们虽然没有明确指出工资税对企业投资的影响与产品市场需求和资本劳动替代有关，但论述的商业逻辑对产品市场和资本劳动替代有所涉及。考尼茨和埃格巴克（Kaunitz and Egebark，2019）运用瑞典 2007 年针对年轻员工降低工资税的改革，研究降低工资税对包括利润、生产率和投资等几种不同公司绩效指标的影响。考虑到资本与劳动的替代和资本与劳动的互补，他们直接提出了工资税对企业投资具有短期"替代效应"和长期"规模效应"两种效应，替代效应或规模效应谁占主导地位不能从理论上确定。"替代效应"是指短期来看，降低工资税后，较低的劳动力成本预计会增加企业对劳动力的需求，从而减少资本投资；"规模效应"是指长期来看，就劳动力和资本能互相补充而言，较低的生产成本可能会导致企业增加总产出，产生积极的规模效应，因此资本投资可能会增加。本扎蒂和哈留（Benzarti and Harju，2018）强调资本劳动替代弹性非常重要，因为它决定了就业和投资如何应对劳动力价格或资本价格的冲击。使用芬兰企业面临的平均工资税率的不连续性来估计企业工资税率对投资的影响，本扎蒂和哈留（Benzarti and Harju，2018）发现，公司在适用更高的工资税率时会同时减少劳动力和资本，微观资本劳动替代弹性为零。

另一部分文献强调，社会保险缴费通过降低企业现金流和改变边际生产成本两条渠道影响企业投资。塞斯等（Saez et al.，2019）对瑞典 2007 年降低年轻员工的工资税改革进行研究，发现相对于不受政策影响的年龄稍大的员工，受政策影响的年轻员工的税后净工资没有发生变化，并且年轻员工就业率增加。进一步地，实证研究发现，雇用更多年轻员工的公司获得了更多的税收意外之财，并且在改革后立即扩张，就业、资本、销售和利润都增加，随后所有工人的工资都提高，这与工人和企业进行租金分享的理论相一致。在理论分析中，塞斯等（Saez et al.，2019）指出，降低工资税具备"现金注入"和"边际成本降低"两条机制。"现金注入"是指降低工资税会给企业带来现金流量意外收入，如果公司受到信贷约束，这样的现金意外之财可能导致公司扩张，特别是雇用和投资更多。"边际成本降低"是指，通过降低劳动力成本这项生产要素投入的成本，降低工资税可以减少边际生产成本。实证研究发现，工资税对更有可能受信贷约束的公司的影响更强。唐珏和封进（2019）指出，理论上，当社会保险缴费不能完全转移给员工时，社会保险缴费将对企业固定资产投资产生两种影响：一是降低企业现金流迫使投资下降；二是提升劳动力成本，导致企业使用资本替代劳动，从而增加企业投资。运用工业企业数据库数据进行实证检验，唐珏和封进（2019）发现，社会保险缴费会导致企业增加固定资产投资，减少劳动雇用，人均固定资产增加，企业发生了资本替代劳动。

此外，还有文献指出，社会保险缴费提供的劳动保护能有效激励员工工作积极性，提高企业生产率，由此可能导致企业扩大投资。帕卡德和蒙特内格罗（Packard and Montenegro，2017）利用 OECD 成员国劳动法规的差异，研究最低工资、就业保护、社会保险等劳动法规对企业数字技术使用的影响，发现最低工资与数字技术使用正相关，就业保护与数字技术使用负相关，没有发现社会保险缴费与企业数字技术使用之间的确切关系。在理论分析中，帕卡德和蒙特内格罗（Packard and Montenegro，2017）指出，企业是否投资于节省劳动力和提高生产力的技术受多方面因素影响。首先，高昂的劳动力成本限制了企业选择，减慢采用新技术速度和随后的业务流程。其次，劳动力成本相对资本成本提高，增加了投资资本的吸引力，从而加快劳动力节省技术的采用。最后，相对较高的工资和更好的工作保障可能会吸引"最聪明的人"，更长的就业期间使员工能够发展专业知识，并鼓励雇主投资。

值得注意的是，现有社会保险缴费与企业投资的文献大都是关于固定资产投资，只有帕卡德和蒙特内格罗（Packard and Montenegro，2017）的文献涉及数字技术使用。此外，除了塞斯等（Saez et al.，2019）、唐珏和封进（2019）两篇文献，其他文献都没有对社会保险缴费如何影响企业投资进行深入的理论分析，而是直接或间接地认为社会保险缴费等同于劳动力成本的增加。

2.4 文献述评

通过对社会保险缴费和企业投资相关的经济学、管理学、心理学等方面的文献进行梳理，本书发现社会保险缴费与企业投资之间存在一定的联系。当企业不能将社会保险缴费负担完全转移给员工时，企业不得不承担部分社会保险缴费负担。这会对企业产生一系列的影响，企业的投资收益和投资能力都受到冲击，投资取向和结构分布也会受到影响。首先，企业的劳动力成本提升，一方面降低产品需求会对投资产生负向"规模效应"，另一方面资本相对劳动力价格降低会对投资产生正向"替代效应"。人力资本作为企业无形资产的重要组成部分，也会产生两种效应。其次，现金流和生产经营收益率降低，企业开拓新产品的积极性下降，这将降低企业实体投资中的高科技风险投资，甚至可能增强企业从实体业务转向虚拟业务的意愿，导致企业参与更多的金融投资。此外，社会保险可以为员工提供劳动保护，社会保险缴费与劳动保护存在"缴费—福利"联系，社会保险缴费所代表的福利能够起到激励员工工作积极性，吸引和保留优秀员工，提高企业生产率的作用，从而提高企业投资动力。

但是，已有文献缺乏将社会保险缴费与企业投资纳入统一的分析框架，从微观企业层面系统研究社会保险缴费对企业投资行为的影响。具体来说，首先，社会保险缴费的文献注重从社会保险缴费对员工就业与工资影响方面探讨社会保险缴费的税收归宿问题，相对缺少对社会保险缴费引起企业其他方面后果的关注。在目前的研究前沿上，国内外学者开始不再单独研究社会保险缴费的就业效应和工资效应，转而更加关注社会保险缴费其他方面的税收归宿，如企业获取的利润、消费者负担的产品价格等。针对于此，本书基于我国社会保险缴费在地区层面存在差异的现实情况，利用工业企业数据库和上市公司的微观数据，获取企业关于社会保险缴费的详细信息，系统地研究社会保险缴费对企业投资行为的影响。其次，关于企业投资行为的研究，传统经济学理论往往将企业投资等同于固定资产投资，研究财政税收制度或劳动力市场制度对企业投资的影响也一般是指对固定资产投资的影响。近年来，随着经济学发展以及学者不断融合管理学、心理学等理论，投资概念不断得到拓展，金融投资、无形资产投资、人力资本投资、风险承担等概念逐步受到学者重视。既有实证文献关于社会保险缴费对企业投资影响的研究注重固定资产投资，忽视企业其他投资行为。本书基于已有关于社会保险缴费和企业投资的理论，从社会保险缴费对企业金融投资、人力资本投资、风险承担三个方面的影响丰富了现有文献。再次，已有社会保险缴费对企业影响的文献缺乏对不完善劳动力市场的关注。劳动力市场制度在不完善的劳动力市场中产生的影响是近年来学术界关注的热点问题，诸如非正式就业、工资僵化、信息不对称等问题已经融入了劳动经济学的广泛研究之中。然而，关于不完善劳动力市场中社会保险缴费对企业投资行为的影响的相关研究仍然较为缺乏。本书在研究社会保险缴费对企业投资的影响的过程中，基于我国存在大量非正式就业的现实，将"二元劳动力市场"纳入分析。最后，已有关于社会保险缴费对企业影响的文献注重社会保险缴费产生缴费负担的特征，忽视社会保险缴费的"缴费—福利"联系，缺乏对社会保险提供劳动保护对企业行为产生影响的探讨。本书从社会保险缴费作为"税收"和社会保险提供福利两个角度对社会保险缴费的影响展开分析。

第 3 章
社会保险缴费
制度背景与典型事实

3.1　中国企业社会保险制度背景

3.1.1　企业社会保险的概念

鉴于本书的研究问题，本书关注的是以就业为条件的企业社会保险。社会保险是通过国家立法形式，多渠道筹集资金，对参保对象在年老、疾病、失业、工伤、生育等情况下依法提供物质帮助，使其享有基本生活保障的社会保障制度。我国采取的是保险型的社会保障模式，因此社会保险制度是我国社会保障体系的主体部分（何文炯，2019）。20 世纪 80 年代，中国开始对国企职工的养老保险制度和医疗保险制度进行改革，20 世纪 90 年代末，国务院和劳动部发布了一系列决定或条例，建立起全国统一的社会保险制度。历经多次改革，社会保险体系逐渐发展壮大，城乡居民开始纳入统一保险覆盖范围，城乡居民基本养老保险和城乡居民基本医疗保险相继建立。无论从建立时间，还是从覆盖人数、基金规模与对经济的影响程度而言，以就业为条件的企业社会保险都在社会保险体系中占据主体地位。

具体来说，企业社会保险包括职工基本养老保险、职工基本医疗保险、失业保险、工伤保险和生育保险。首先，职工基本养老保险是国家对用人单位及其职工强制实施的基本养老保险制度，也是企业社会保险中缴费最高的社会保险制度。职工基本养老保险通过对参保并缴纳费用、达到待遇领取条件者，依法提供物质帮助，保障参保人在因年老而退出劳动后享有基本生活保障。职工基本养老保险、机关事业单位工作人员基本养老保险和城乡居民基本养老保险三者共同构成我国的基本养老保险制度体系。职工基本养老保险主要针对在企业就业的员工，无雇工的个体工商户、未在用人单位参保的非全日制从业人员以及其他灵活就业人员，也可以参加职工基本养老保险。职工基本养老保险筹资模式实行用人单位和职工共同缴费、政府补贴的方式，待遇支付采取基础养老金和个人账户养老金相结合的方式。城乡居民基本养老保险针对的对象主要是农村居民和城市居民，是国家为保障城乡居民年老后基本生活而建立的，筹资模式实行个人缴费、集体补助、政府补贴的方式，待遇支付也采取基础养老金和个人账户养老金相结合的方式。自建立以来，我国职工基本养老保险覆盖范围不断拓展，基金规模不断增长。根据《人力资源和社会保障事业发展统计公报》，职工基本养老保险的缴费人数从 2019 年的 3.1 亿人增长到 2021 年的 3.5 亿人，领取退休金的人数从 1.2 亿人增长到 1.3 亿人，2021 年全年基金收入达到 6.0 万亿元。

其次，职工基本医疗保险是面向所有用人单位及其职工以及灵活就业人员的基本医疗保险制度，是企业社会保险中缴费第二高的社会保险制度。职工基本医疗保险对参保人因患病而就医诊疗时提供资金支持，以保障参保人享有基本医疗服务。职工基本医疗保险由用人单位和在职职工双方共同缴费进行筹资，灵活就业人员以个人缴费为主进行筹资。职工基本医疗保险制度、城乡居民基本医疗保险制度二者共同构成我国的基本医疗保险制度体系。城乡居民基本医疗保险，面向不属于职工基本医疗保险制度覆盖范围的城乡居民，筹资方式以个人缴费和政府补助相结合为主；鼓励集体、单位或其他社会经济组织给予扶持或资助。根据《2022 年医疗保障事业发展统计快报》，2022 年职工基本医疗保险覆盖 2.7 亿名在职职工、9 636 万名退休职工。2022 年职工基本医疗保险基金（含生育保险）总收入达到 2.1 万亿元，年末职工基本医疗保险基金（含生育保险）累计结余 3.5 万亿元。

再次，失业保险是面向因失业而暂时失去工资收入的参保缴费者的社会保险制度。失业保险制度对这些人员提供物质帮助，以保障其基本生活，维持劳动力再生产，并为其重新就业创造条件。失业保险通过参保人、用人单位等筹资形成基金。

最后，工伤保险和生育保险是通过用人单位缴费等筹资形成基金的社会保险制度。工伤保险面向因工作原因遭受事故伤害或者患职业病的职工，对这些职工及职工的近亲属给予相应待遇。生育保险面向因生育和计划生育的参保者，对这些参保职工按规定给予经济补偿和保障基本医疗需求。

总体而言，我国企业社会保险从覆盖范围、收支规模、基金规模等角度而言，都取得了长足的发展。职工基本养老保险和职工基本医疗保险覆盖范围不断扩大、覆盖人数不断增加、收支规模和基金规模不断提升，其他三类社会保险的参保人数也经历了类似的增长。社会保险支出已经成为我国政府最大的支出项目。

3.1.2 企业社会保险的缴费特征

目前，我国企业社会保险缴费由企业和员工共同缴纳，采用个人账户与统筹账户相结合的模式进行管理。制度还限制了企业缴费的缴费基数上限与下限，缴费基数最低为当地社会平均工资的60%，最高为当地社会平均工资的300%。

社会保险缴费率在设定上实行国家统一决策与地方分级管理相结合的模式。中央对缴费水平作出了原则性规定，地方可根据实际情况对缴费率进行调整。表3-1展示了自2005年以来社会保险缴费率的基准规定。从中央政府规定的社会保险法定缴费率来看，我国企业社会保险缴费率较高，在世界范围内处于前列水平。根据表3-1，将职工五类社会保险的费率相加，可以得到企业 25% ~30% 的法定缴费率、个人 11% 的法定缴费率。从法定缴费率来看，总费率标准一度超过 40%，在世界范围内都属于高水平。刘燕斌（2009）对全球 127 个国家和地区的社会保险缴费率进行比较，发现仅有 9.6% 的国家费率水平超过 40%。杨燕绥等（2015）指出，OECD 国家平均养老保险缴费率为 20%，低于中国 28% 的养老保险费率水平。杨翠迎等（2018）通过对 2016 年全球 165 个国家的社会保险缴费率进行比较，发现费率中位数为 20%，中国费率水平高居全球前十位。

表 3-1　　　2005 年以来企业社会保险缴费率的基准规定

保险类型	企业	个人
养老保险	20%； 2016 年 5 月起超过 20% 的，两年内降至 20%； 2018 年 5 月 1 日起，超过 19% 的且基金结余可支付 9 个月以上的，可阶段性降至 19%； 2019 年 4 月规定，高于 16% 的可降至 16%	8%
医疗保险	6%	2%
失业保险	2%； 2016 年 5 月起两年内降至 1% ~1.5%； 2019 年 4 月规定继续阶段性降低	1%
工伤保险	1%； 2019 年 4 月规定继续阶段性降低	0
生育保险	1%	0

資料来源：作者根据官方文件整理。详细可见：《国务院关于建立统一的企业职工基本养老保险制度的决定》（国发〔1997〕26 号），《国务院关于完善企业职工基本养老保险制度的决定》（国发〔2005〕38 号），《国务院关于建立城镇职工基本医疗保险制度的决定》（国发〔1998〕44 号），《失业保险条例》（国务院令第 258 号），《关于发布〈企业职工工伤保险试行办法〉的通知》（劳部发〔1996〕266 号），《工伤保险条例》（国务院令第 375 号），《企业职工生育保险试行办法》（劳部发〔1994〕504 号），《人力资源社会保障部 财政部关于阶段性降低社会保险费率的通知》（人社部发〔2016〕36 号），《国务院办公厅关于印发降低社会保险费率综合方案的通知》（国办发〔2019〕13 号）。

现实中，各地方在中央统一原则的指导下，根据当地社会保险统筹账户的收支情况自行制定当地社会保险缴费率。根据马双等（2014）通过浏览当地政府网站或社保局网站，收集的 1998～2007 年全国 643 个地市养老保险缴费比例的数据，各地 1998～2007 年企业养老保险缴费率平均约为 20%，最低为 7%，最高为25.5%。封进（2013）基于各地市政府工作报告、政府文件、人力资源和社会保障局文件等信息，搜集了江苏、浙江、福建、广东四个省份市级养老保险与医疗保险合计的缴费率，发现各地区缴费率各不相同，养老保险与医疗保险合计缴费率超过 26%、在 20.5%～26% 之间、在 20.5% 以下的城市分别有 22 个、25个、10 个。赵健宇和陆正飞（2018）通过浏览当地政府网站和百度搜索，收集了 184 个地市 758 条法定企业养老保险缴费率的数据，发现地市企业养老保险缴费率平均为 18%，最高为 28%，最低为 8%。

社会保险缴费在各地区存在不同程度的逃避缴费现象，实际缴费率可能低于法定缴费率。彭浩然等（2018）发现，不同地区，养老保险的征缴强度存在巨大差异。在上海、北京等经济发达地区，用养老保险征缴收入占养老保险基金收入之比衡量的征缴强度在 90% 以上；而在吉林、黑龙江等经济欠发达地区，征缴强度仅为 65% 左右。虽然大部分地方政府面临严峻的社会保险收支压力，然而地方政府为了吸引企业投资，存在帮助企业和员工逃避缴纳或少缴纳社会保险缴费的动机。由于地方政府负责社会保险基金征缴和待遇发放，并且我国大多数地区的社会保险以地市级统筹为主，地方具有较大的自主权裁量权，可以就除社会保险缴费率之外的其他方面作出规定，或者放松对企业的监管。例如，一些地方将社会保险缴费基数最低为社会平均工资的60%改为最低40%（郑秉文，2016）。

从实际缴费率来看，社会保险缴费仍然构成企业重要的成本负担。根据测算，我国企业社会保险支出占据企业用工成本的40%~50%，远高于印度的16%和马来西亚的12%（Nielsen and Smyth，2008）。世界银行和普华永道共同发布的《世界纳税报告2019》指出，雇主承担的社保负担占企业税前利润的35.1%~41.2%，相比之下，企业所得税负担占企业税前利润的7.6%~9.7%。白重恩（2019）基于这一测算，指出社会保险缴费是中国企业最沉重的税费负担。

社会保险缴费率过高抑制企业发展的问题在当前尤为突出。当前，我国经济下行压力增大，企业面临转型升级，职工失业风险增加。偏高的社会保险缴费率推高企业人工成本，成为制约企业转型升级、影响经济高质量发展的重要不利因素。在经济结构转型时期，如何优化社会保险缴费制度、降低企业负担、缓解企业困境、稳定员工就业显得尤为重要。

3.1.3 企业社会保险的其他特点

虽然我国企业社会保险制度自建立以来取得长足发展，但仍

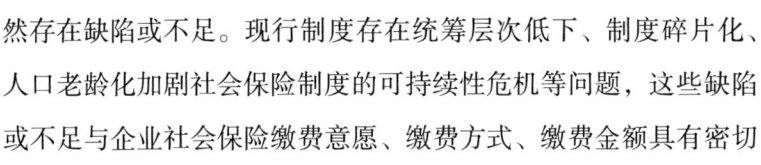

然存在缺陷或不足。现行制度存在统筹层次低下、制度碎片化、人口老龄化加剧社会保险制度的可持续性危机等问题，这些缺陷或不足与企业社会保险缴费意愿、缴费方式、缴费金额具有密切关系。

3.1.3.1　社会保险制度分割严重，地区缴费各自为政

我国社会保险统筹层次低下，致使地区之间制度分割严重。我国的社会保险制度采取的是央地共管模式，中央政府负责制定政策和作出原则性指导，地方政府负责保险费的征收、基金管理和待遇发放。这形成了我国社会保险制度以县级统筹为主的重要特征。这种管理方式在社会保险发展的历史进程中，发挥了一定的积极作用。地方政府负责的方式能够充分利用当地信息，将地方政府的权利与义务联系起来，调动地方政府的工作积极性，有利于社会保险覆盖面的大幅度扩张。在社会保险制度建立之初，统筹层次被设立为省级统筹。2010 年颁布的《社会保险法》进一步规定，基本养老保险应该实现全国统筹。然而，社会保险统筹层次多年来一直停留在县市级层面，全国大部分地区仍未实现省级统筹，更不必说全国统筹。

制度地区碎片化阻碍劳动力自由流动，引发地区经济失衡，地区经济失衡进一步导致地区缴费率差异化。统筹层次过低，造成地区间制度呈碎片化，地区间不仅存在费率差异，而且社会保险关系跨地区转移接续困难，阻碍劳动力流动。此外，统筹层次过低还不利于社会保险制度的可持续发展。由于各地区人口老龄

化水平与经济发展水平不同，各地区筹集社会保险基金收入的能力与承担社会保险基金支出的压力也不相同。一般来说，沿海经济发达地区，大量年轻人口流入，老龄化压力低，社会保险基金收入充裕，社会保险缴费率也低。相反，内陆某些人口老龄化严重的地区，经济发展缓慢，年轻人口外流严重，社保支出压力过大，社会保险缴费率较高。由于制度的碎片化，这种地区失衡现象日趋严重。

3.1.3.2 非正式就业人群庞大，企业为低技能员工缴费意愿不强

虽然近年来社会保险覆盖面不断扩张，然而社会保险，尤其是职工社会保险仍没有实现全覆盖。根据《中国统计年鉴》，2021 年我国城镇就业人员达 46 773 万人。根据《人力资源和社会保障事业发展统计公报》，2021 年参加专门面向城镇就业人员的城镇职工基本养老保险的人数为 34 917 万人，参加失业保险的人数为 22 958 万人，参加工伤保险的人数为 28 287 万人。这表明除去少部分不需要参加职工社会保险的人员，相当一部分工薪劳动者仍然没有被职工社会保险覆盖，许多本应参加职工社会保险的人员参加了城乡居民社会保险，甚至不参保（何文炯，2019）。

职工社会保险覆盖不完全的重要原因之一可能是存在大量非正式就业。作为发展中国家，我国存在较多非正式就业人员，非正式就业人员的社会保险覆盖率较低。非正式就业人员收入水平较低，由于存在借贷约束，社会保险缴费抑制了当期消费，因此

他们更愿意接受企业不缴纳社会保险缴费（袁志刚等，2009）。非正式就业人员流动性强，我国社会保险关系跨地区转移接续存在较多困难和阻碍，这些困难进一步降低了非正式就业人员对社会保险福利的评价。企业与非正式就业人员在社会保险缴费的选择上面保持了利益一致（封进，2013）。对企业而言，低技能人员供给充裕，出于节约成本的考虑，企业倾向于采取临时合同的方式雇用这些低技能人员，不进行正式聘用，以逃避缴纳社会保险缴费，避免增加劳动成本。相反，企业更愿意对高技能劳动力提供社会保险等福利措施，以激励劳动生产率的提高。在地方政府积极招商引资、运用降低税费的形式吸引企业投资的环境中，企业更容易针对不同技能的劳动力提供差别化的社会保险福利。

3.1.3.3　职工对社会保险缴费的收益存在疑虑，对社会保险缴费的收益评价较低

社会保险帮助员工和企业防范风险，在中国的改革发展过程中发挥了重要作用。社会保险关系到国家、企业和个人的利益，影响到社会基本稳定和国民经济的发展（郑秉文，2018）。首先，社会保险使改革开放之初的企业卸下了沉重的"企业保险"的负担，具备市场竞争的基本条件。其次，社会保险为民营企业的可持续发展和平等地参与市场竞争创造了健康的生态环境。最后，社会保险改变了传统经济体制下劳动力依附于企业的局面，促进了劳动力的自由流动。此外，社会保险还可以在经济不景气时充当稳定器的作用，调节经济周期。

但是，我国社会保险提供的风险防范仍然存在一些不足，社会保险待遇存在较多不确定性，降低了职工对社会保险缴费的收益评价。待遇不确定的重要原因之一是制度缺陷。就社会保险中的养老保险而言，制度设计"统账结合制"的初衷是激励个人缴费的积极性，然而现实中，个人账户并未起到预定的效应。此外，养老保险关系跨省转移接续的困难，以及自 2005 年以来国家多年持续提高养老金给付标准，都降低了职工对社会保险缴费收益的评价。就医疗保险而言，医疗保险缴费的收益受到自身身体健康水平、报销范围、报销比例、医疗费用等因素的影响，存在一定的不确定性。

人口老龄化进一步增加了社会保险待遇的不确定性。我国人口老龄化迅速发展，根据国家统计局的数据，2022 年 60 周岁及以上的老年人口已达 2.8 亿人，占人口总数的 19.8%；65 周岁及以上的老年人口已达 2.1 亿人，占人口总数的 14.9%。人口老龄化将提高社会保险制度中"享受待遇者"与"贡献者"的比例，引发社会保险制度不可持续的风险。因此，人口老龄化进一步加剧了社会保险待遇的不确定性，降低职工对社会保险缴费的收益评价。

总而言之，我国职工社会保险制度一方面具有较高的缴费率，另一方面由于各种制度和人口结构因素，面临较低的收益评价。在这种背景下，社会保险缴费将对企业造成沉重负担，抬高人工成本，降低企业现金流，危害企业生产经营和发展。过高的社会保险缴费负担会导致企业减少投资甚至不投资（李珍和王向红，1999；白重恩，2019）。企业也有可能转换经营策略，为获取短期利益投资更多金融资产，或者进行升级改革。

3.2 社会保险缴费与企业投资的典型事实

典型事实分析可以作为后续研究的先验证据，也可以作为展开实证研究的基础。本章选择了两家同时经历地方社会保险法定缴费率提升的企业作为分析对象。两家企业中的一家企业主要业务转向高科技产业，另一家企业增加代工生产业务。这两类业务重心的转变代表了不同的发展方向，同时也在一定程度上反映了不同的企业战略发展规划。本章通过对企业财务数据的详细分析，描绘了发展方向不同的两家企业在社会保险缴费增加前后，雇用员工、发放职工薪酬、固定资产投资与金融资产投资等一系列行为发生的变化，勾勒中国社会经济背景下的两家企业经历社会保险缴费增加后企业投资行为的变化。

鉴于深圳市 2013 年养老保险缴费率发生了变动，本章选取两家深圳上市公司进行分析。根据深圳市社保网站上的信息，2013 年深圳市提高了企业养老保险缴费率。2007～2012 年，深圳本市户籍员工和非本市户籍员工企业养老保险缴费率分别保持在 11% 和 10%。2013 年，本市户籍员工企业养老保险缴费率提高到 14%，非本市户籍员工企业养老保险缴费率提高到 13%，这一缴费率的安排一直延续到 2020 年。

3.2.1 主要业务转向高科技产业的企业

选取分析的第一家企业是深圳市纺织（集团）股份有限公司（以下简称深纺织)。深纺织主要从事偏光片、纺织服装及相关产品的生产与贸易和物业经营管理。其中，偏光片为公司的主导产业。偏光片是液晶面板的上游原材料，是平板显示产业的关键基础材料，广泛应用于液晶显示面板、滤光镜等众多领域。

2012~2013 年，深纺织的主要经营活动方向发生了转变。根据公司年报，2012 年企业的业务性质和主要经营活动是，主要从事纺织、偏光片、服装及相关产品的生产与进出口贸易，兼营物业租赁、仓储、房地产开发、酒店等业务。2013 年，相关表述转变为，公司主营业务包括以液晶显示用偏光片的研发、生产、营销为代表的高新技术产业，同时还有以地处深圳繁华商业区为主的物业经营管理业务及保留的高档纺织服装业务。可以看出，2013 年企业将更多的权重偏向于偏光片这一高新技术产业。根据企业年报，2012 年公司物业及租赁收入、纺织品收入、偏光片收入、贸易收入分别为 8 185 万元、4 387 万元、26 281 万元、45 163 万元。2013 年这四项主营业务收入分别为 8 631 万元、3 383 万元、59 590 万元、41 045 万元。从业务收入构成来看，也明显可见企业主要经营方向从贸易业、纺织业转向偏光片这一高新技术产业。

图3-1展示了2007~2017年深纺织的社会保险缴费率、总职工薪酬、员工人数、固定资产投资和金融投资的变化。首先，短期来看，由图3-1（a）可知，2012~2013年，深圳市提高养老保险缴费率后，企业承担的社会保险缴费率随之提升，与政策改革相呼应，然而，企业支付的总职工薪酬没有发生大幅度增长。究其原因，图3-1（b）显示，2012~2013年企业员工人数发生了下降，这表明社会保险缴费率上升而总职工薪酬未发生明显增长，可能是由于企业降低了雇用规模。其次，长期来看，2013年之后，社会保险缴费率比较平稳，与2013年后政策未发生较大变动相吻合；企业雇用人数和总职工薪酬都呈增长趋势，这表明2013年后企业可能整体处于扩张时期。最后，将关注焦点转向企业投资，可以发现2012~2013年企业固定资产投资规模有小幅度的下降，固定资产投资对数和总固定资产投资指标①都略微下降。2013年后，企业一直不断增加固定资产投资，这与企业不断扩张偏光片的生产的事实相对应。企业金融投资的规模和金融投资所获取的利润在2012~2013年快速增长，2013年以后持续呈快速增长趋势。

---

① 参考付文林和赵永辉（2014）、许伟和陈斌开（2016）、刘啟仁等（2019）的研究，总固定资产投资 = ln（100 × 构建固定资产、无形资产和其他长期资产支付的现金/营业总收入），固定资产投资对数 = ln（构建固定资产、无形资产和其他长期资产支付的现金）。

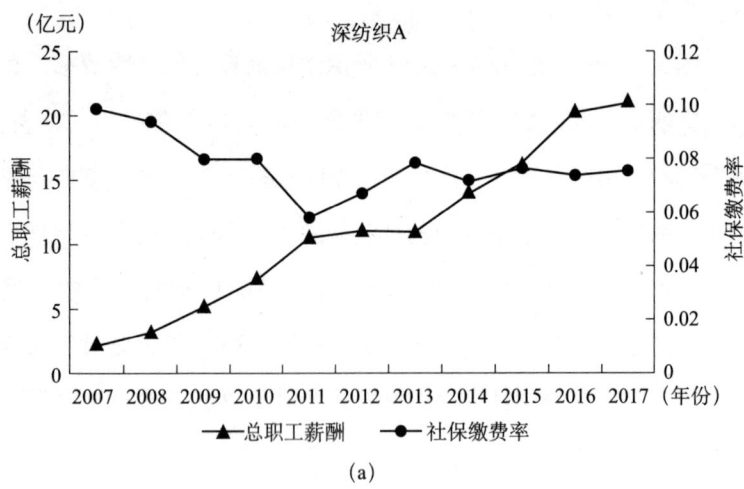

(a)

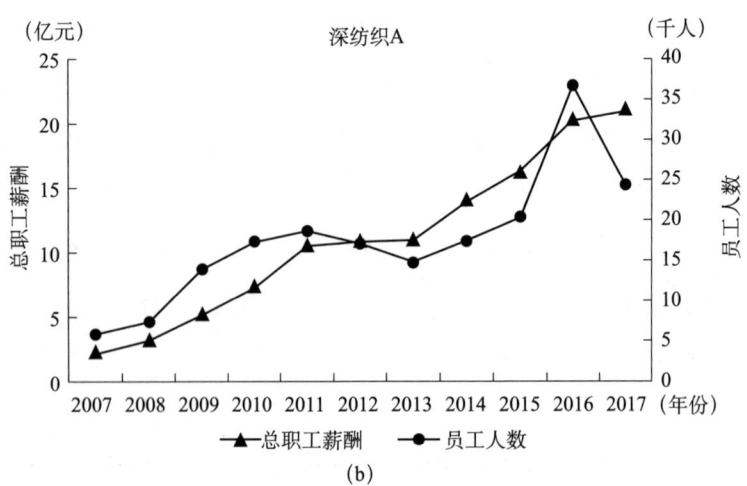

(b)

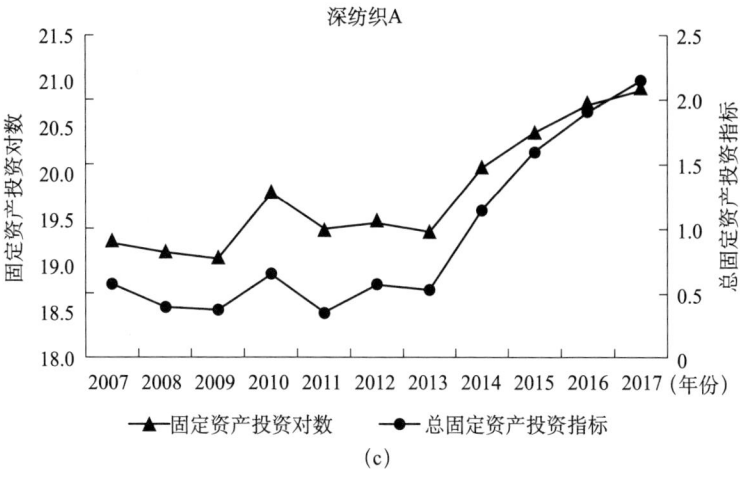

(c)

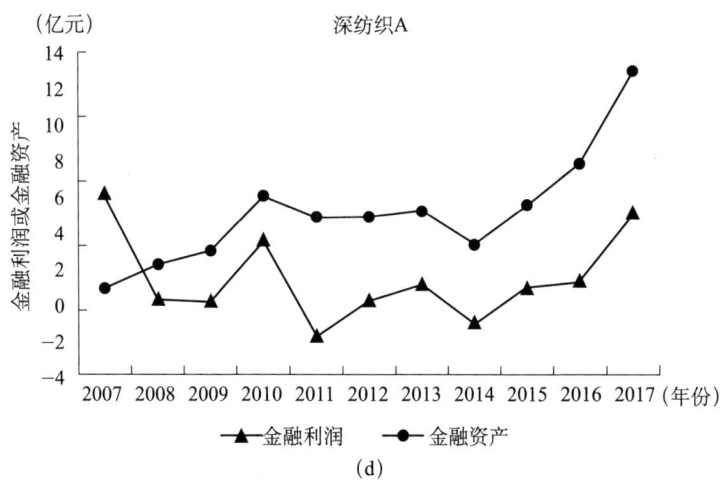

(d)

图 3 - 1 深纺织的社会保险缴费率与企业投资等各项指标

资料来源：国泰安数据库。

以上分析可以发现，社会保险缴费率的变动与深纺织的投资行为的变动同时发生。2013 年，当深圳市将养老保险缴费率提高 3 个百分点时，深纺织将主营业务转向偏光片这一高新技术产业。同时，企业雇用人数降低，固定资产投资下降，金融投资增加，金融渠道获取利润增加。

3.2.2 增加代工生产业务的企业

选取进行分析的第二家企业是深圳长城开发科技股份有限公司（以下简称深科技）。深科技属于电子信息制造服务（EMS）行业，提供电子产品研发制造服务，主要业务涵盖计算机存储、半导体存储、通信及消费电子、医疗设备等高端电子产品的先进制造服务、集成电路半导体封装与测试、计量系统、自动化设备及相关业务的研发生产等。公司连续多年位居 MMI（manufacturing market insider）全球 EMS 行业排名前列，是中国企业 500 强和深圳工业百强企业。

2012～2013 年，深科技的主营业务收入结构发生了转变。企业主要销售产品分为硬盘相关产品、自有产品、OEM 产品（original equipment manufacturer，指代工生产）三类。根据企业年报，2012 年硬盘相关产品、自有产品、OEM 产品的营业收入分别为 100.9 亿元、5.5 亿元、56.0 亿元，2013 年三类产品的营业收入分别为 79.2 亿元、5.7 亿元、65.0 亿元。首先，硬盘相关产品收入大幅度下降。由于平板电脑的持续发展和个人电脑更换缓慢，传统硬盘市场需求下降，企业硬盘相关产品业务受到不利影响。因此，企业关闭了亏损的抛光盘基片业务，进行了人力资源结构的整合优化。其次，自主研发产品收入略微增长。公司自主研发的智能计量产品和支付终端产品在国外市场开拓颇具成效，在国内市场取得一定成功，销售收入实现略微增长。最后，OEM 产品收入有较大增长。企业继续与各大手机商合作，手机产量稳步增长。总之，企业从传统的硬盘相关产品转向自主研发产品和 OEM 产品。

与深纺织的转变类似，可以发现 2012～2013 年深科技的投资行为也发生了类似转变。图 3-2 展示了 2007～2017 年深科技的社会保险缴费率、总职工薪酬、员工人数、固定资产投资和金融投资的变化。首先，短期来看，图 3-2（a）显示，深科技的社会保险缴费率 2012～2013 年发生了增长，同期总职工薪酬大幅增加。根据图 3-2（b），企业员工人数增加，深科技并没有因为社会保险缴费率的提高而减少雇用。在雇用人数的变化上，深科技与深纺织呈相反的方向。这可能与深科技转向更多 OEM 业务有关，OEM 业务需投入大量劳动力。其次，长期来看，社会保险缴费率在 2013 年之后维持稳定，这与深圳市 2013 年之后养老保险缴费率未发生较大改变相吻合。企业员工人数 2013 年之后呈稳定增长趋势。最后，关注企业投资。企业固定资产投资 2011～2015 年一直呈下降趋势，包括 2012～2013 年；金融资产规模维持稳定①，金融利润 2012～2013 年存在较大幅度的增长，

---

① 除 2016 年存在剧烈的增加。

金融投资并没有展现长期增长趋势。

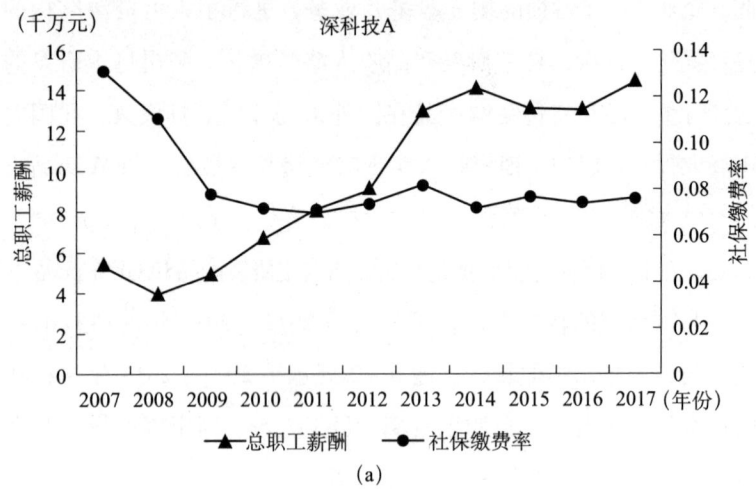

（a）

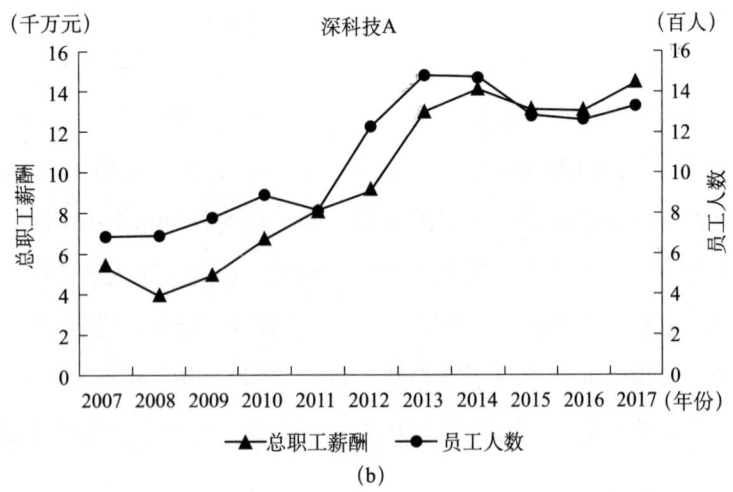

（b）

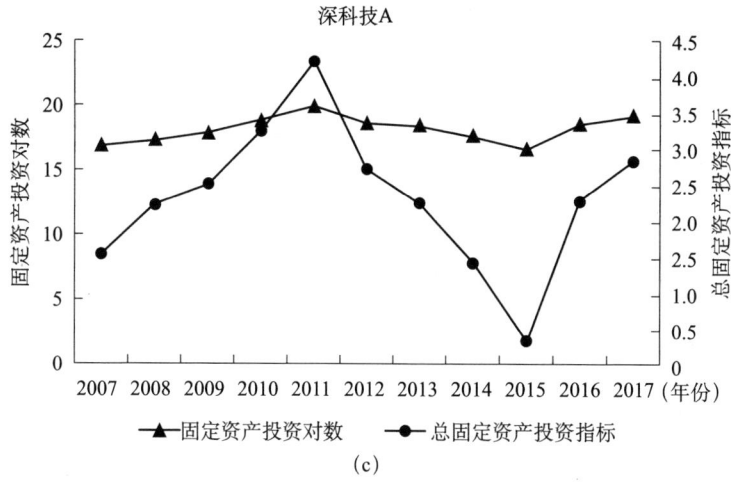

(c)

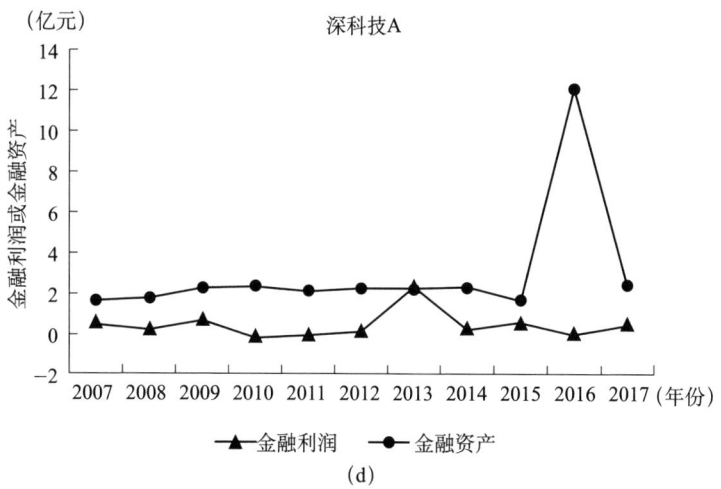

(d)

图 3 - 2　深科技的社会保险缴费率与企业投资等各项指标

资料来源：国泰安数据库。

随着社会保险缴费率的变化，深科技的投资行为也在发生变化，某些方面展现出与深纺织类似的特征，也存在一些不同。社会保险缴费率增加后，深科技的固定资产投资降低，金融渠道获利增加。然而，与深纺织减少员工人数不同，深科技并没有减少雇用。这可能是因为深纺织与深科技在这一阶段的企业发展方向不同。深纺织从纺织业务转向偏光片业务，而深科技转向OEM代工业务。

3.3　本章小结

与其他国家相比，中国企业社会保险缴费压力很大，已经成为企业最沉重的税费负担。从法定缴费率来看，中国社保缴费率居全球前十位。从实际负担来看，世界银行和普华永道共同发布的《世界纳税报告2019》指出，雇主承担的社保负担远远超过所得税负担。结合我国社保缴费的制度背景，社保缴费负担难以转嫁给员工。第一，我国社保制度地区分割严重，降低了社保收益评价。我国社保在管理上，实行中央统一决策与地方分级管理的模式，中央对缴费水平作出了原则性规定，地方可根据实际情况对缴费率进行调整。这造成地方费率水平存在较大差异，也导致了社保制度地区分割严重、社会保险跨省转移接续困难的问题，降低了社保收益评价。第二，作为发展中国家，我国存在较多非正式就业人员，这些人员收入低流动性强，其自身和企业都不太愿意缴纳社保。第三，社会保险待遇存在较多不确定性，降低了职工对社保缴费收益的评价。社保由于转轨原因，存在较大的历史欠账问题，随着人口老龄化快速发展，社保待遇的不确定性进一步增加。

如此沉重的社保缴费负担给企业带来巨大的劳动力成本压力，降低企业的利润和竞争力，将对企业投资行为产生深远影响。通过对两家上市公司的财务状况和企业投资等信息进行分析，探讨社保缴费对企业投资行为的影响。本章发现，无论是主要业务转向高科技产业的企业，还是增加代工生产业务的企业，当法定社保缴费率提高后，都存在"降低固定资产投资、增加金融渠道获利"的情况。同时，本章还发现，主要业务转向高科技产业的企业降低了雇用规模，增加代工生产业务的企业并没有降低雇用规模。案例分析为实证研究的展开提供了先验性证据。

第 4 章

社会保险缴费与
企业金融投资

当社会保险缴费率提高时，企业现金流和生产经营收益率降低，企业开拓新产品的积极性下降，企业甚至可能增强从实体业务转向虚拟业务的意愿，导致企业参与更多的金融投资。企业最沉重的税费社会保险缴费是否构成了企业实体经营的沉重负担，加剧实体企业"脱实向虚"？"脱实向虚"是当前阶段我国经济最突出的结构性矛盾之一，在这种背景下研究社会保险缴费与企业金融投资的关系具有重要的现实意义。

4.1 引　言

随着实体企业去工业化与金融化逐渐成为世界范围的现象，金融化问题正在成为政治经济学、社会学、货币金融学等领域的前瞻性研究主题（张成思，2019）。国内实体企业金融资产持有量不断增长，金融渠道的利润不断增加（宋军和陆旸，2015；张成思和张步昙，2016）①。实体经济利润率下降和金融领域收益上涨是造成这种"脱实向虚"现象的重要原因（Demir，2009；Krippner，2005；Orhangazi，2008；谢富胜和匡晓璐，2020）。已有文献从马克思的"利润率下降"理论、股东价值导向的公司治理模式扩张等角度对企业"脱实向虚"原因进行了深入探讨。但结合中国制度背景探究实体企业"脱实向虚"成因的分析仍然较为缺乏。中国法定缴费率高达40%的社保缴费构成企业重要的劳动力成本。根据世界银行和普华永道共同发布的《世界纳税报告2019》，中国由雇主承担的社保负担占税前利润的35.1%~41.2%，是企业最高的缴费负担，相比之下企业所得税仅占企业税前利润的7.6%~9.7%。近年来，中央高度重视降低企业社保缴费负担，以推动减税降费政策的实施。2019年，国务院办公厅印发《降低社会保险费率综合方案》，强调"确保企业特别是小微企业社会保险缴费负担有实质性下降"。新冠肺炎疫情发生以来，我国接连出台阶段性减免企业社保缴费优惠政策，全力为企业减负，降低企业运行成本，助力企业发展。因此，通过实证检验社保缴费负担是否会影响企业"脱实向虚"，具有重要的

---

① 宏观层面上，"脱实向虚"表现为资金不断流入虚拟经济，引起影子银行体系膨胀、资产价格繁荣，以及实体经济有效投资不足；微观层面上，"脱实向虚"主要指企业金融化，即金融资产在企业资产配置中的比重、金融渠道获利占企业利润比重不断提高的趋势（彭俞超和黄志刚，2018；彭俞超等，2018）。

理论意义与现实意义。

4.2 社会保险缴费与企业金融投资的文献综述

已有文献对非金融企业金融化的驱动因素展开了深入探讨，大致可以归结为利润金融化和治理模式金融化两种研究视角（谢富胜和匡晓璐，2020）。利润金融化视角强调资本的逐利天性，实体经济盈利能力的下降和金融领域收益率的提高共同推动企业将活动重心从生产领域转向金融领域，引发企业"脱实向虚"（谢富胜和匡晓璐，2020）。近年来，部分文献从经验研究角度对利润下降与制造业企业金融化之间的关系展开分析（宋军和陆旸 2015；Demir，2009；张成思和郑宁，2018）。治理模式金融化视角聚焦于股东价值导向对公司治理模式的改变，非金融企业以缩减开支、裁员、股票回购、增加金融投资的方式来最大化股东利益（Orhangazi，2008）。然而，资本主义多样性理论（varieties of capitalism）强调，国家之间的制度差异会形成公司治理模式差异，协调市场经济体严重依赖工资协调制度，管理层倾向于通过提高劳动力的生产效率来获得回报，企业金融化程度低；自由市场经济体劳动保护制度薄弱，管理层倾向于牺牲普通员工的利益，企业金融化程度高（Lazonick，2010）。

已有文献对企业金融化成因的研究大部分集中在发达经济

体，缺乏在中国制度背景下的探讨。第一，不同于金融市场发达国家，中国是银行主导下的金融体系，因此股东治理模式对中国企业金融化的影响较为有限（谢富胜和匡晓璐，2020）。第二，发达经济体于20世纪70年代中期开始制造业等传统生产行业利润率大幅下降，导致经济活动重心从生产行业转向金融行业（Krippner，2005），中国自2006年才开始出现明显的企业金融化现象（张成思和郑宁，2018）。第三，发达国家已经形成了制造业空心化与金融活动全球扩张的格局，而中国具有良好的工业基础和制造业比较优势，只是近年来伴随着劳动年龄人口数量降低，制造业的低劳动成本优势才开始逐渐受到挑战。

社保缴费负担沉重与社保制度不完善构成中国的重要制度背景，已经对企业的生产经营和发展产生严重影响。社保不能提供与高缴费相适应的待遇水平，社保缴费对当期工资具有明显的挤出效应（马双等，2014）；养老保险社会统筹账户的缴费与领取没有严格挂钩，不同地区、不同性质单位的员工实行不同的缴费政策，造成不公平的心理（赵健宇和陆正飞，2018）；伴随着人口老龄化的加剧，养老保险制度可持续性存在疑问（张克中等，2019）；社保缴费仍未形成全国统筹，抑制员工自由流动（彭浩然和陈斌开，2012）。事实上，已有文献发现，社保缴费给企业带来巨大成本压力（沈永建等，2017），引起企业生产效率的损失（赵健宇和陆正飞，2018），社保缴费征收力度加强形成对企业价值的负面冲击（沈永建等，2020）。同时，中国金融投资与实体投资之间长期存在着巨大的收益率差距。根据刘珺等（2014）的估算，我国上市非金融企业 2000～2012 年的类金融资产报酬率在 23.91% 以上，相比之下总资产报酬率在 5.11%～7.36% 之间。如此巨大的投资收益率差距，加剧了金融部门由原本支持实体经济发展到与实体经济争夺资源的角色演变（解维敏，2018）。

但是，目前关于社保缴费对企业投资影响的研究主要关注固定资产投资，忽视了社保缴费对企业金融化或"脱实向虚"的影响（Saez et al.，2019；唐珏和封进，2019）。由于实体投资与金融投资的不同特质，社保缴费的提高将对实体投资与金融投资造成差异化的影响。实体投资与金融投资相比，实体投资属于劳动密集型，具有不可逆性。实体投资还具有固定成本和投资不可分性的特征，金融投资所需资金更加灵活、规模更小、周转速度更快（Davis，2017）。在金融投资与实体投资收益率差距扩大和金融投资更加便捷的双重诱因的驱动下，制造业企业将更倾向于进行金融投资副业而非实体投资主业。

基于此，本章研究的问题是：社保缴费是否加剧了企业"脱实向虚"？如果是，其可能的作用机制是什么？现有研究多从规范金融领域的视角出发提出解决企业"脱实向虚"的对策，本章从降低企业经营负担以提振实体经济的角度，指出降低企业社保缴费负担、提高实业经营利润率是抑制企业"脱实向虚"的重要举措。

4.3　理论分析与假设提出

本章综合考虑社保双重属性、实体投资与金融投资的特征区别，结合中国金融市场不完善、金融与实体投资收益差距大、社保制度不完善等现实背景，考察社保缴费对企业"脱实向虚"的影响（如图 4-1 所示）。

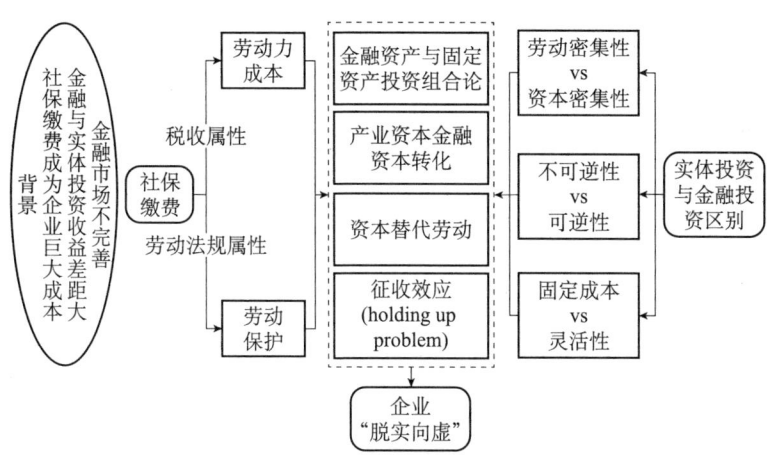

图 4-1　社保缴费对企业"脱实向虚"影响的理论框架

社保涉及税收制度与劳动法规双重领域，社保缴费对企业"脱实向虚"的影响可总结为税收制度与劳动法规两方面的叠加作用。税收制度激励企业投资引发了广泛研究。霍尔和乔根森（Hall and Jorgenson，1967）建立起研究税收影响企业投资的新古典分析框架，指出税收通过降低企业的税后资本收益抑制企业投资。茨维克和马洪（Zwick and Mahon，2017）认为，由于金融摩擦的存在和企业固定资产投资不平滑（lumpy investment）的特点，税收对企业投资的影响被放大。劳动法规一直被视为抑制制造业投资和发展的决定因素，世界银行等国际金融机构一度将减少最低工资、就业保护、社会保险等劳动法规的干预，列为促进发展中国家经济的政策工具包（Freeman，2010；Besley and Burgess，2004）。从税收制度视角来看，已有文献从以下方面进行了探讨：一是劳动力成本、投资组合论与企业金融化。实体企业在金融资产和固定资产投资上进行选择（Demir，2009），劳动力成本提升导致与劳动互补的固定资产投资回报率下降更多，金融投资成为固定资产投资的替代品。二是劳动力成本、产业资本金融资本转化与企业金融化。马克思主义政治经济学认为，失去生产和贸易的竞争优势会导致资本从产业资本转向金融资本与"去工业化"（Magdoff and Sweezy，1987）。三是劳动力成本、资本劳动替代与企业金融化。劳动力成本提高会使企业转向节约劳动力的投入品，产生资本劳动替代（刘媛媛和刘斌，2014），已有文献大多研究固定资产替代而非金融资产替代。从劳动法规视角来看，学者主要探讨劳动法规、征收效应与企业金融化。当劳动法规赋予劳动力过度的议价能力时，投资者担心投资成本沉没时工人仍然要求获得回报，产生"敲竹杠"问题，从而削弱投资实业的激励。

实体投资与金融投资具有不同特质，社保缴费的提高将对二者造成差异化的影响。第一，实体投资与金融投资相比，实体投资属于劳动密集型，金融投资属于资本密集型（Krippner，2005）。由于社保缴费是以劳动力为单位进行缴纳的，社保缴费将对实体投资的收益率产生重要影响，对金融投资的收益率造成的影响较小。第二，实体投资往往需要投入固定资产，固定资产投资相比金融投资而言具有不可逆性。第三，实体投资还具有固定成本和投资不可分性的特征，金融投资所需资金更加灵活、规模更小、周转速度更快（Davis，2017）。当社保缴费降低企业现金流时，可逆的、资金需求灵活的金融投资相比于实体投资显示出相对优势。

在当前的背景下，社保缴费负担将增加企业对金融投资的依赖，促进企业"脱实向虚"。第一，金融投资与实体投资收益率之间的差距长期存在，金融投资对企业具有巨大的吸引力。第二，中国金融市场不完善，金融资产品类不全，价格波动较大，难以成为企业流动性管理的选择。为应对生产经营的不确定性，企业更倾向于持有更具流动性和变现能力的现金或银行存款而非金融资产（Davis，2017）。实证研究也证实，非金融企业持有金融资产的主要目的不是为了储备流动性（彭俞超和黄志刚，2018）。第三，社保缴费负担难以转嫁给员工，给企业带来沉重的成本压力。社保缴费负担并非完全由劳动力承担（Saez et al.，2019），中国社会保险费缴费率很高，构成了企业巨大的劳动力成本压力（沈永建等，2017）。综上所述，在金融投资能够带来巨大利润、金融资产的流动性储备作用不强的背景下，社保缴费负担很有可能迫使企业远离实业生产，增强企业对金融渠道利润的依赖，加重企业"脱实向虚"。据此，本章提出以下假说。

假说1：社保缴费负担加重企业"脱实向虚"。

社保缴费主要通过两个渠道影响企业"脱实向虚"。首先，社保缴费带来的劳动力成本压力通过降低实业经营收益率，拉大实体投资与金融投资之间的回报率差距，加重企业"脱实向虚"。企业投资理论中，要素价格通过影响投资的收益率对投资决策产生影响。劳动力成本上升将显著降低实体投资的收益率，而对金融投资的收益率影响不大。这是因为，实体投资与劳动联系紧密，劳动力成本构成企业进行生产或服务的重要成本。相比之下，金融投资与生产活动脱钩，能够相对独立地产生利润，具有外部的特征（Lin and Tomaskovic-Devey，2013）；而且金融工作属于非劳动密集型工作，比生产型岗位需要的就业人员少（Krippner，2005）。因此，当社保缴费导致劳动力成本上升时，企业实体投资收益率将下降，而金融投资收益率受到的影响不大，金融投资与实体投资收益率差距被进一步拉大。金融投资在获取利润方面的优势更加凸显，企业自然将更多资金投入金融投资而非实体投资。基于以上论述，本章提出以下假说。

假说2：社保缴费负担通过拉大金融投资与实体投资之间的

收益率差距来加重企业"脱实向虚"。

其次，社保缴费还将减少企业现金流，降低企业内部融资能力，增加固定资产投资的难度，企业自然转向更为灵活的金融资产投资。一方面，社保缴费减少了企业的现金流，固定资产投资不平滑的特点使得投资固定资产的难度加大。由于固定成本、不可逆性或不可分性阻碍了固定资产投资的平稳调整，固定资产投资往往具有不平滑的特点（Gomes，2001）。企业投资固定资产往往会一次性投入大量资金，产生投资峰值，而在峰值之间很少或没有投资活动，投资峰值一般达到20%以上的投资资本比（Nilsen et al.，2009）。我国企业面临很强的外部融资约束，内源性融资是投资资金的重要来源。社保缴费的增加需要企业以后每期都支付一笔现金，加重了企业的内部融资约束，企业进行固定资产投资的难度增加。另一方面，金融投资不仅资金投入灵活，而且资金回收期短、流动性强，具有可逆性（Davis，2017），受内部融资能力的影响较小。在固定资产投资受阻和金融投资回报较高的双重力量的驱动下，追逐利润的企业将从投资固定资产转向投资金融资产，企业"脱实向虚"程度加深。此外，文献表明，融资约束增加会使企业为了规避资金短缺风险，偏向投资于资金回收更快的项目（Almeida et al.，2011）。根据以上分析，本章提出以下假说。

假说3：社保缴费负担通过减少企业现金流来加重企业"脱实向虚"。

4.4 样本选择与研究设计

4.4.1 样本选择与数据来源

为考察社保缴费对企业"脱实向虚"的影响及其作用机制，本章选取中国非金融类上市公司进行研究。本章选取样本区间是2007～2017年。之所以从2007年开始，是因为2007年我国颁布全新的会计准则，要求企业在财务报表附注中披露"应付职工薪酬"的明细科目，企业层面的社保缴费数据才能够获取。上市公司的财务数据来自国泰安数据库（CSMAR）。宏观层面的数据来自国家统计局和中国人民银行。本章剔除了保险和金融行业数据，还剔除了ST企业数据。为消除极端值对分析的干扰，本章对企业层面的连续变量在前后1%的水平上进行了缩尾处理。

4.4.2 模型设定与变量定义

为了考察社保缴费负担与企业"脱实向虚"的关系，对于c行业t年的企业i，本章建立以下固定效应模型：

$$\text{fin}_{ict} = \beta_0 + \beta_1 \text{ssr}_{ict} + \beta_2 \text{control}_{ict} + \alpha_t + \mu_i + \lambda_c + \varepsilon_{ict} \quad (4-1)$$

被解释变量 fin_{ict} 衡量企业"脱实向虚"程度，衡量方法大致可以分为三类：一是金融资产配置比例，指企业持有的金融资产占企业总资产的比例；二是金融渠道获利占比，刻画企业从金融渠道所获利润占总利润的比例；三是现金流投资比率，指企业投资金融资产而支出的现金占总现金支出（或占企业总产值）的比例。总体而言，金融资产配置比例、金融渠道获利占比被广泛应用于衡量企业金融投资，现金流投资比率应用较少。聚焦于金融资产配置比例和金融渠道获利占比，金融资产配置比例反映资产类别的份额变化，是一个存量结构性质的指标；金融渠道获利占比反映某一时期内企业利润的源泉构成，是一个流量结构性质的指标（刘贯春等，2018）。金融渠道获利占比能够反映企业配置不同类型资产的投资行为的变化，比静态的资产类别份额更适合刻画企业金融投资行为。从利润的角度出发衡量企业"脱实向虚"，与克里普纳（Krippner，2005）指出需要从"以积累为中心"的视角出发刻画宏观经济金融化与微观公司金融化的观点相符合。

本章主要采用企业金融渠道获利占比来衡量企业"脱实向虚"，该指标的计算需要具体加以说明。首先，由于存在对联营或合营企业投资的情况，金融渠道获利分为广义和狭义口径（张成思和张步昙，2016）。广义金融资产包括货币资金、持有至到期投资、交易性金融资产、可供出售的金融资产、投资性房地产、应收利息、应收股息和长期股权投资；狭义金融资产不包括长期股权投资。因此，广义口径的金融渠道获利包括投资收益、公允价值变动损益、其他综合收益和净汇兑收益；狭义口径的金融渠道收益是指投资收益、公允价值变动损益、其他综合收益和净汇兑收益之和，再扣除联营和合营企业的投资收益。其次，在用总利润对金融渠道获利进行标准化时，当总利润为负值时，会导致金融渠道获利占总利润之比数值不连续，因此本章只采用分子和分母都为正数的样本。稳健性检验中还将借鉴张成思和张步昙（2016）的做法，用总利润的绝对值来标准化；借鉴刘贯春等（2018）的做法，用息税前利润来做分母。

ssr_{ict} 是企业社保缴费率，指企业社保缴费占应付职工薪酬总额的比例，具体而言，用"应付职工薪酬—社会保险"本期增加额除以"应付职工薪酬—合计"本期增加额来衡量。值得注意的是，2007～2013年，五种社保缴费都计入"应付职工薪酬—社会保险费"的明细科目；2014年修订版《企业会计准则9号——职工薪酬》规定，养老保险、失业保险计入"应付职工薪酬—离职后福利—设定提存计划"明细科目，生育保险、工伤保险、医疗保险计入"应付职工薪酬—短期薪酬—社会保险费"明细科目。本章对应付职工薪酬的明细科目进行了手工整理。

模型中引入企业固定效应 μ_i，不随时间变化的企业层面的遗漏变量被 μ_i 吸收。我们控制了年份固定效应 α_t，可以捕获发生在所有企业层面的时间震荡。尽管如此，为尽可能控制随时间变化的混淆因素，本章控制了一系列随时间变化的企业层面和宏观层面的控制变量 $control_{ict}$。在企业层面，控制了企业规模（size）、企业现金流（cash）、企业杠杆率（lev）、托宾 q（tobinQ）、资产回报率（roa），在宏观层面，控制了省级 GDP 增长率、M2 供应量增长率、行业固定效应 λ_c。主要变量的具体定义见表4-1。

表4-1　　　　　　　　主要变量定义

变量	变量名称	计算方法
fin_w	广义金融获利占比	（投资收益＋公允价值变动损益＋其他综合收益＋汇兑收益）/营业利润
fin_n	狭义金融获利占比	（投资收益＋公允价值变动损益＋其他综合收益＋汇兑收益－联营和合营企业的投资收益）/营业利润
ssr	企业社保缴费率	社保缴费/应付职工薪酬合计
size	企业规模	对期初资产取自然对数
tobinQ	托宾 q	［（总股本－境内上市的外资股 B 股）×今收盘价 A 股当期值＋境内上市的外资股 B 股×B 股今收盘价当期值×当日汇率］/总资产
cash	企业现金流	经营活动产生的现金流量净额/期初资产
roa	资产回报率	净利润/总资产
lev	企业杠杆率	总负债/总资产
gdp	省级 GDP 增长率	地区生产总值增长率(%)
m2	M2 增长率	年度 M2 供应量增长率
opreturn	经营资产收益率	（营业利润－金融渠道获利）/（总资产－总金融资产）
freturn	金融资产收益率	金融渠道获利/总金融资产

4.5　实证分析结果

基于以上计量模型，本部分将首先进行描述性统计，然后进行基准回归和机制分析以检验前面提出的研究假说，最后处理内生性问题并进行稳健性检验。

表4-2是对主要变量的描述性统计。金融渠道获利占比的均值在0.30~0.39，这表明平均而言中国上市公司对金融渠道获利的依赖较重。社保缴费占应付职工薪酬比例的均值为0.12，标准差为0.05，均值低于法定企业最高缴费比例，略大于赵健宇和陆正飞（2018）计算的养老保险缴费比例的均值0.10。由于养老保险缴费占据社保缴费较大份额，本章计算的社保缴费比例较为合理。其他变量的描述性统计结果也与已有文献比较接近。

表4-2 描述性统计

变量	样本量	均值	标准差	最小值	最大值
fin_w	17 672	0.393 2	1.067 7	0.000 0	7.844 8
fin_n	17 981	0.297 5	0.907 5	0.000 0	6.951 1
ssr	24 716	0.122 8	0.049 8	0.024 7	0.264 4
size	24 971	21.774 4	1.340 3	19.144 4	25.820 3
tobinQ	23 904	2.348 4	2.059 7	0.210 7	11.623 1
cash	24 937	0.050 7	0.098 2	-0.272 4	0.351 9
roa	24 971	0.057 2	0.071 0	-0.145 0	0.319 9
lev	24 971	0.522 8	0.276 1	0.056 2	1.436 4
gdp	21 294	10.469 3	4.430 6	-19.380 0	109.000 0
m2	24 988	0.145 9	0.047 1	0.080 8	0.284 2
opreturn	24 268	0.041 7	0.069 3	-0.215 6	0.255 0
freturn	18 981	0.642 2	3.183 5	-2.769 2	26.476 7

以社保缴费率0.005为单位划分区间，分别计算各区间内狭义金融获利占比的均值，绘制成图4-2。不难看出，企业社保缴费率与金融渠道获利占比呈正相关关系，社保缴费率越高，金融渠道获利占比越高。

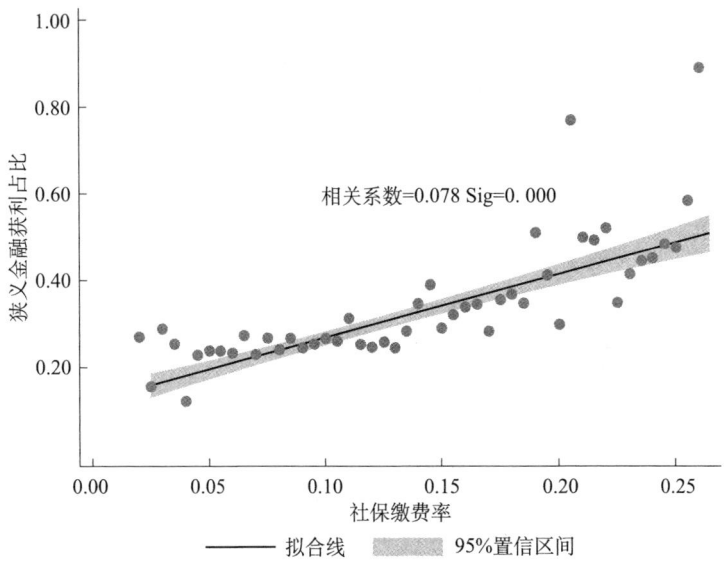

图4-2 社保缴费率与金融获利占比

4.5.1 基准回归

本章对企业社保缴费与企业金融渠道获利占比的关系进行检验，回归结果如表4-3所示[1]。表4-3的第（1）列和第（3）

———————

[1] 变量相关性分析见附录附表1。

列报告了社保缴费率影响广义金融渠道获利占比的实证结果，其中第（1）列仅控制公司、年份和行业固定效应，不加入其他控制变量，第（3）列加入公司层面和宏观层面的控制变量。可以看出，社保缴费率对广义金融渠道获利占比的影响显著为正。由于广义的金融渠道获利包括了对合营与联营企业的投资收益，可能影响到对"脱实向虚"的解读。因此，进一步考察社保缴费率与狭义金融渠道获利占比的关系，结果展示在表4-3的第（2）列和第（4）列。狭义因变量的回归结果表明，社保缴费率仍然会显著增加金融渠道获利占比。无论是广义还是狭义的金融渠道获利占比，社保缴费率都对其具有显著的正向影响。这验证了假说1，社保缴费负担会加重企业"脱实向虚"。第（4）列的结果表明，如果企业的社保缴费率提高1个百分点，金融渠道获利占比将增加1.44个百分点。

表4-3　　　　　社保缴费对企业金融获利占比的影响

变量	(1) 广义金融 获利占比	(2) 狭义金融 获利占比	(3) 广义金融 获利占比	(4) 狭义金融 获利占比
ssr	2.370 5 *** (0.431 1)	1.755 2 *** (0.372 3)	1.877 6 *** (0.456 1)	1.439 8 *** (0.395 4)
size			-0.193 9 *** (0.032 3)	-0.128 5 *** (0.028 5)
lev			0.068 1 (0.061 2)	0.025 9 (0.050 2)
cash			-0.140 1 (0.116 1)	-0.065 2 (0.098 2)

续表

变量	(1) 广义金融 获利占比	(2) 狭义金融 获利占比	(3) 广义金融 获利占比	(4) 狭义金融 获利占比
tobinQ			0.003 4 (0.010 5)	0.002 0 (0.008 1)
roa			−3.283 4*** (0.255 2)	−2.391 8*** (0.220 0)
gdp			−0.000 8 (0.002 4)	−0.001 1 (0.002 3)
m2			−10.331 6*** (1.426 0)	−7.773 3*** (1.241 6)
Constant	−0.099 0 (0.062 9)	−0.074 6 (0.052 3)	6.531 5*** (0.949 7)	4.539 3*** (0.831 4)
Firm FE	Yes	Yes	Yes	Yes
Year FE	Yes	Yes	Yes	Yes
Industry FE	Yes	Yes	Yes	Yes
N	17 471	17 790	14 250	14 554
Within R^2	0.020 9	0.019 0	0.061 7	0.053 1

注：括号中为异方差稳健标准误，***表示在1%的水平上显著。

4.5.2　机制分析

我们推测，社保缴费加重企业"脱实向虚"，是基于两种机制：一方面，社保缴费加剧了金融投资与实体投资之间的收益率差距，出于追逐利润的动机，企业倾向于投资更多金融副业而非实体主业；另一方面，社保缴费减少了企业当期现金流，而现金流的约束抑制了实体投资，迫使企业转向更为灵活的金融资产投资，"脱实向虚"程度加深。针对两种机制，我们分别进行检验。

4.5.2.1 社保缴费、金融与实体投资收益率、企业"脱实向虚"

为验证假说2，首先我们提供随着社保缴费率增加，实体投资收益率降低、金融投资收益率不变的证据。进一步地，利用投资收益率的异质性，我们发现社保缴费对企业"脱实向虚"的影响仅存在于经营资产收益率低的企业或金融资产收益率高的企业。

表4-4验证了社保缴费对企业金融与实体投资收益率的影响。参考宋军和陆旸（2015）、张成思和张步昙（2016）的研究，我们将企业资产分为经营性资产和金融资产，将利润分为经营性收益和金融收益，分别计算企业的经营资产收益率和金融资产收益率，用经营资产收益率来衡量企业实体投资收益率，用金融资产收益率来衡量企业金融投资收益率。表4-4的第（1）列显示，社保缴费与企业经营资产收益率显著负相关，表明社保缴费降低了企业的实体投资收益率。根据第（2）列的结果，社保缴费对企业金融资产收益率没有显著影响。这表明，社保缴费显著降低了实体投资收益率，但对金融投资收益率没有影响，社保缴费负担确实拉大了金融投资与实业投资之间的收益率差距。

表4-4　社保缴费对经营资产收益率、金融资产收益率的影响

变量	（1） 经营资产收益率	（2） 金融资产收益率
ssr	-0.033 1** (0.013 7)	1.946 7 (1.423 8)
Control	Yes	Yes
Firm FE	Yes	Yes
Year FE	Yes	Yes
Industry FE	Yes	Yes
N	19 872	15 041
Within R^2	0.540	0.021 7

注：括号中为异方差稳健标准误，**表示在5%的水平上显著。

　　为进一步考察投资收益率在社保缴费与企业"脱实向虚"的关系中起到的作用，我们利用实体投资收益率和金融投资收益率的异质性，分别按照经营资产收益率和金融资产收益率的中位数分样本，结果报告在表4-5中。表4-5第（1）列和第（2）列的结果显示，社保缴费对企业"脱实向虚"的正向影响只存在于实体投资收益率低的企业。第（3）列和第（4）列的结果显示，社保缴费对企业"脱实向虚"的正向影响只存在于金融投资收益率高的企业。这进一步验证了社保缴费负担通过拉大金融投资与实体投资之间的收益率差距来加重企业"脱实向虚"。因此，假说2得到了验证。我们发现，社保缴费显著降低了企业实体投资收益率，但对金融投资收益率没有影响。同时，社保缴费对企业"脱实向虚"的正向影响仅在实体投资收益率低或金

融投资收益率高的企业中存在。

表 4 – 5　　　　社保缴费对金融获利占比的异质性
影响：投资收益率的异质性

变量	(1) 经营资产 收益率高	(2) 经营资产 收益率低	(3) 金融资产 收益率高	(4) 金融资产 收益率低
ssr	– 0. 062 1 (0. 058 8)	1. 894 7 ** (0. 785 8)	2. 039 1 ** (0. 832 0)	– 0. 035 0 (0. 196 5)
Control	Yes	Yes	Yes	Yes
Firm FE	Yes	Yes	Yes	Yes
Year FE	Yes	Yes	Yes	Yes
Industry FE	Yes	Yes	Yes	Yes
N	8 117	6 231	6 500	4 378
Within R^2	0. 077 8	0. 063 3	0. 101	0. 051 2

注：括号中为异方差稳健标准误，＊＊表示在 5% 的水平上显著。

4.5.2.2　社保缴费、现金流与企业"脱实向虚"

为验证假说 3，首先我们检验社保缴费是否降低了企业现金流。进一步地，利用企业现金流的异质性，我们研究现金流压力是否增强了社保缴费对企业"脱实向虚"的影响。表 4-6 报告了回归结果。参考已有文献，使用经营活动产生的现金流量净额与总资产之比衡量企业现金流（付文林和赵永辉，2014）。表 4 – 6 的第（1）列检验社保缴费与现金流的关系，结果显示，社保缴费率对企业现金流具有显著的负向影响，这表明社保缴费降低了企业当期现金流，加强了企业现金流约束。第（2）列和第（3）列研究社保缴费对企业"脱实向虚"的影响，是否会随着企业现金流的改变而发生变化。按照现金流的中位数分样本，结果显示，社保缴费对企业金融化的影响仅存在于现金流不充裕的企业。企业资金不充裕，导致企业在缴纳社保缴费后难以维持原本的固定资产投资计划，推高了企业对金融投资的需求，迫使企业"脱实向虚"。

表 4 - 6　　社保缴费与企业金融渠道获利占比：考察现金流的作用

变量	(1) 现金流	(2) 现金流充裕组	(3) 现金流不充裕组
ssr	- 0.069 8 ** (0.031 5)	0.628 6 (0.434 2)	1.474 3 ** (0.666 5)
Control	Yes	Yes	Yes
Firm FE	Yes	Yes	Yes
Year FE	Yes	Yes	Yes
Industry FE	Yes	Yes	Yes
N	20 150	7 786	6 763
Within R^2	0.100	0.043 7	0.077 9

注：括号中为异方差稳健标准误，＊＊表示在 5% 的水平上显著。

假说 3 得到了验证。我们发现，社保缴费显著降低了企业现金流，社保缴费对企业"脱实向虚"的影响仅存在于现金流不充裕的企业。

4.5.3　拓展性分析

下文将进一步探讨社保缴费对金融资产投资类别和固定资产投资的影响，以期能从更为全面的视角来分析社保缴费与企业

"脱实向虚"之间的关系。

如果社保缴费负担确实促使企业"脱实向虚",一个有趣的问题就是,企业到底增加了哪类金融资产投资?参考宋军和陆旸(2015)的方法,我们将企业金融资产分为交易性金融资产、委托贷款与理财产品、投资性房地产、金融机构的股权四类,检验社保缴费是否影响企业持有这些金融资产。回归结果报告在表4-7中。我们发现,企业主要是通过增加持有交易类金融资产和投资性房地产来加重企业"脱实向虚"程度。交易类金融资产属于短期金融资产,常被企业用于粉饰业绩(彭俞超等,2018)。在转型制度背景下,源于土地稀缺和快速城镇化,中国房地产行业长期拥有超额利润的"暴利",进行房地产投资实现套利已经成为中国众多实体企业的重要经营战略(宋军和陆旸,2015)。本章的结果也与近年来企业交易类金融资产和投资性房地产持有量的激增的现象相符(闫海洲和陈百助,2018)。

表4-7　　　　社保缴费对企业分类金融投资的影响

变量	(1) 交易性金融资产	(2) 委托贷款与理财产品	(3) 投资性房地产	(4) 金融机构的股权
ssr	0.365 7 *** (0.139 4)	-0.468 0 (0.438 8)	0.235 3 * (0.120 3)	0.035 4 (0.135 0)
Control	Yes	Yes	Yes	Yes
Firm FE	Yes	Yes	Yes	Yes
Year FE	Yes	Yes	Yes	Yes

续表

变量	(1) 交易性金融资产	(2) 委托贷款与理财产品	(3) 投资性房地产	(4) 金融机构的股权
Industry FE	Yes	Yes	Yes	Yes
N	19 342	4 219	17 548	4 878
Within R^2	0.337	0.055 7	0.129	0.035 9

注：括号中为异方差稳健标准误，＊＊＊、＊分别表示在1%、10%的水平上显著。

为进一步验证社保缴费负担会导致企业脱离生产主业而偏向金融投资等"虚拟产业"，本章对企业的固定资产投资进行研究。在传统经济理论中，生产是理论分析的中心，金融的主要作用是为生产提供资本，持有金融资产也可以储备流动性以应对资金不足，但金融投资能够为企业获得收益的作用被忽视（彭俞超和黄志刚，2018）。在这种传统观点主导下，金融投资与劳动力成本的关系并不直接，劳动力相对价格增加会导致企业用资本替代劳动，为获得扩大投资所需的资金，企业可能出售金融资产，因此社保缴费可能会减少企业的金融投资。然而，对非金融企业而言，金融投资已经不再只被企业用作应对财务困境的流动性储备，还能产生大量的金融收益，成为企业获取利润的重要渠道（张成思和张步昙，2016；彭俞超和黄志刚，2018；Krippner，2005）。尤其是当金融投资与实体投资之间存在巨大收益率差距时，金融部门将由原本支持实体经济发展的角色演变为与实体经济争夺资源的竞争角色（解维敏，2018）。如果金融投资的这种角色转变真的存在，那么可以预测社保缴费可能会抑制企业的固定资产投资。

参考付文林和赵永辉（2014）、刘啟仁等（2019）的研究，采用四个指标衡量企业固定资产投资①。根据表4-8的结果，企业社保缴费率的估计系数显著为负，表明企业并没有通过增加固定资产投资、使用固定资产替代劳动的方式来应对社保缴费引致的劳动力成本的上涨。相反，社保缴费带来的实体投资收益率下降和现金流压力降低了企业的固定资产投资。这进一步增加了本章的社保缴费负担加重企业"脱实向虚"结论的可信度。

表4-8　　　　　　社保缴费对企业固定资产投资的影响

变量	（1） 总固定资产投资	（2） 净固定资产投资	（3） 固定资产投资对数	（4） 新增固定资产
ssr	-1.798 4*** （0.385 5）	-1.955 8*** （0.389 9）	-1.966 7*** （0.369 9）	-0.590 8*** （0.164 1）
Control	Yes	Yes	Yes	Yes
Firm FE	Yes	Yes	Yes	Yes
Year FE	Yes	Yes	Yes	Yes
Industry FE	Yes	Yes	Yes	Yes

① 四个固定资产投资指标的计算公式分别为：总固定资产投资 = ln(100 × 构建固定资产、无形资产和其他长期资产支付的现金/营业总收入)，净固定资产投资 = ln[100 × (构建固定资产、无形资产和其他长期资产支付的现金 - 处置固定资产、无形资产和其他长期资产收回的现金净额)/营业总收入]、固定资产投资对数 = ln (构建固定资产、无形资产和其他长期资产支付的现金)、新增固定资产 = 本期新增固定资产/上期固定资产。

续表

变量	(1) 总固定资产投资	(2) 净固定资产投资	(3) 固定资产投资对数	(4) 新增固定资产
N	20 129	19 121	20 129	19 186
Within R^2	0.070 2	0.070 2	0.245	0.057 5

注：括号中为异方差稳健标准误，＊＊＊表示在1%的水平上显著。

4.5.4　稳健性检验

为缓解内生性问题，保障研究结论的可靠性，本章主要采取准自然实验和替代指标的方法进行稳健性检验。

4.5.4.1　内生性问题

根据林和托马斯科维奇 – 迪维（Lin and Tomaskovic-Devey，2013）的研究，非金融企业的金融投资收益的增加会削弱劳工的议价能力，降低工资份额。社保缴费是企业雇用劳动力的支出，算入工资份额，从这个角度而言，企业"脱实向虚"应降低企业社保缴费支出。因此，本章的结论不大可能受到反向因果的威胁。但遗漏变量仍然可能混淆本章的结果，某种因素可能共同导致了企业社保缴费负担加重和企业"脱实向虚"程度加深。鉴于此，本章借鉴许红梅和李春涛（2020）的研究，结合2011年《社会保险法》的实施与企业劳动密集度的差异构造广义 DID 分析框架，识别社保缴费负担对企业"脱实向虚"的影响。因为该法对企业而言具有外生性，所以能在一定程度上缓解内生性问题。

具体来说，运用变量 Post 划分 2011 年《社会保险法》政策实施前后，基于企业劳动密集度划分实验组（Treat）和控制组。劳动密集度高的企业相比于劳动密集度低的企业，当受到《社会保险法》的外生冲击之后，承担的缴费负担应该更重。参考许红梅和李春涛（2020）、倪骁然和朱玉杰（2016）的方法，本章分别以职工薪酬与营业收入之比、支付给职工以及为职工支付的现金与营业收入之比衡量劳动密集度，按劳动密集度将企业分为10 等份，最低的 3 等分视为劳动密集度低的控制组，Treat1（Treat2）取值为 0，最高的 3 等分视为劳动密集度高的实验组，Treat1（Treat2）取值为 1。

表 4 – 9 列示了基于《社会保险法》实施对社保缴费影响的回归结果。从表 4 – 9 可以看出，无论采用哪种方法衡量劳动密集度来划分实验组与控制组，Treat 与 Post 变量的交乘项的估计系数始终显著为正，劳动密集度高的企业相比于劳动密集度低的企业在受到《社会保险法》的冲击之后，企业金融获利占比增加更多。由于劳动密集度高的企业受到社保缴费影响更大，这表明社保缴费负担显著提高了企业的"脱实向虚"程度。

表 4 – 9　　　　社保缴费对企业金融获利占比的影响：
《社会保险法》的自然实验

变量	（1） 广义金融获利占比	（2） 狭义金融获利占比
Treat1 × Post	0. 100 8 * (0. 051 7)	

续表

变量	（1） 广义金融获利占比	（2） 狭义金融获利占比
Treat2 × Post		0.101 9＊＊ （0.051 6）
Control	Yes	Yes
Firm FE	Yes	Yes
Year FE	Yes	Yes
Industry FE	Yes	Yes
N	8 566	8 641
Within R²	0.063 2	0.060 7

注：括号中为异方差稳健标准误，＊＊、＊分别表示在5%、10%的水平上显著。

4.5.4.2　替代指标

采用滞后一期社保缴费率回归，结果展示在表4－10的第（1）列和第（2）列中。参考魏志华和夏太彪（2020）的研究，使用当期社保缴费支出与营业收入的比重衡量社保缴费负担，结果展示在表4－10的第（3）列和第（4）列中。可以看出，无论采用何种社保缴费负担衡量指标，社保缴费负担对企业"脱实向虚"的正向影响都是稳健的。

表4－10　　　　社保缴费与金融获利占比：替换自变量

变量	（1） 广义金融 获利占比	（2） 狭义金融 获利占比	（3） 广义金融 获利占比	（4） 狭义金融 获利占比
lssr	1.288 5＊＊＊ （0.448 7）	1.095 1＊＊＊ （0.379 9）		

变量	(1) 广义金融 获利占比	(2) 狭义金融 获利占比	(3) 广义金融 获利占比	(4) 狭义金融 获利占比
ssr2			1.883 9*** (0.363 3)	1.569 3*** (0.329 5)
Control	Yes	Yes	Yes	Yes
Firm FE	Yes	Yes	Yes	Yes
Year FE	Yes	Yes	Yes	Yes
Industry FE	Yes	Yes	Yes	Yes
N	11 993	12 239	14 146	14 445
Within R^2	0.063 1	0.054 9	0.063 4	0.055 1

注：括号中为异方差稳健标准误，***表示在1%的水平上显著。

在基准模型中，本章仅使用营业利润和金融渠道获利都为正的样本，直接用金融渠道获利占营业利润的比例衡量企业"脱实向虚"。出于稳健性考虑，本节参考张成思和张步昙（2016）的做法，用营业利润的绝对值来标准化；借鉴刘贯春等（2018）的做法，用息税前利润来作分母，回归结果报告在表4-11中。表4-11的第（1）列和第（2）列利用总利润的绝对值来标准化，第（3）列和第（4）列用息税前利润标准化。不难发现，使用替代的"脱实向虚"指标，社保缴费率的系数仍然显著为正。

表4-11　　　社保缴费与金融渠道利润占比：替换因变量

变量	(1) 广义绝对值标准 化金融化程度	(2) 狭义绝对值标准 化金融化程度	(3) 广义金融获利占 息税前利润之比	(4) 狭义金融获利占 息税前利润之比
ssr	1. 628 4 ***	1. 296 9 ***	1. 136 0 ***	0. 883 4 ***
	(0. 455 9)	(0. 391 3)	(0. 395 5)	(0. 339 0)
Control	Yes	Yes	Yes	Yes
Firm FE	Yes	Yes	Yes	Yes
Year FE	Yes	Yes	Yes	Yes
Industry FE	Yes	Yes	Yes	Yes
N	20 150	20 150	15 071	15 416
Within R^2	0. 081 2	0. 098 1	0. 057 2	0. 047 3

注：括号中为异方差稳健标准误，＊＊＊表示在1%的水平上显著。

4.6　本章小结与讨论

　　虚拟经济"热"与实体经济"冷"是当前阶段我国最突出的结构性矛盾之一。本章从我国企业最沉重的税费负担——社保缴费入手，研究社保缴费对实体企业"脱实向虚"的影响。采用金融渠道获利占比衡量企业"脱实向虚"，基于上市公司2007~2017年的面板数据，利用固定效应模型对社保缴费率与企业"脱实向虚"的关系进行了检验。实证结果发现：社保缴费率越高，企业金融渠道获利占比越高。进一步分析发现：社保缴费负担会显著降低企业的实体投资收益率，但对企业金融投资收益率影响不大，社保缴费负担加重企业"脱实向虚"的效应在实体投资收益率低或金融投资收益率高的企业中更大；同时，社保缴费显著减少了企业当期现金流，社保缴费加重企业"脱实向虚"的效应在现金流不充裕的企业中更大。这表明，社保缴费负担一方面通过加剧金融投资与实体投资之间的收益率差距，另一方面通过降低企业现金流，已经给企业的实体经营造成沉重负担，加重了企业"脱实向虚"。最后，本章还发现，企业主要是通过增加持有交易类金融资产和投资性房地产来加重"脱实向虚"程度。

本章的研究结论为治理当前中国"脱实向虚"现象提供了新思路。实体投资收益率下降是企业"脱实向虚"的重要驱动因素。在金融投资与实体投资存在巨大利差的背景下，社保缴费进一步扩大了金融投资与实体投资之间的收益率差距，增加了企业对金融渠道收益的依赖，加深了企业"脱实向虚"程度。要解决企业"脱实向虚"的问题，在完善社会保险制度的背景下引导经济转型发展，一方面应设定合理的社保缴费率，加强社保缴费征管，采取"低费率、严征管、宽费基"的模式，降低企业负担，增强企业活力，鼓励企业和员工积极参保，形成企业发展和社会保险制度的良性循环。当前，社保基金面临收支平衡与征缴管理优化的双重压力，降低社保缴费率是减轻企业生产负担、抑制企业"脱实向虚"、持续激发市场主体活力的重要举措，对提升和培育社保税基也具有重要意义。另一方面，要加大对实体企业投资金融市场特别是房地产市场的监管，并大力推进构建多层次资本市场，满足各类企业的直接融资需求，降低企业投资固定资产时面临的融资约束。企业"脱实向虚"的原因之一是缺乏进行实业投资的资金，资本市场的完善将缓解企业进行固定资产投资的融资约束，削弱企业"脱实向虚"的动机。

第 5 章

社会保险缴费与企业人力资本投资

　　企业的人力资本投资对促进劳动力适应新技术和组织结构、提高劳动生产率、保持企业竞争力尤为重要。随着越来越多的企业不局限于产品制造,更加关注服务、产品开发、设计或营销,人力资本等无形资产投资在促进技术变革和企业转型升级方面发挥愈加重要的作用。作为企业最沉重的税费负担之一,社会保险缴费抬高了企业的劳动力成本,降低企业现金流,可能降低企业进行人力资本投资的能力。然而,社会保险可以为员工提供劳动保护,促进长期雇佣关系的建立,鼓励人力资本投资。本章将探讨的问题是社会保险缴费会对企业人力资本投资产生怎样的影响?如果产生了影响,其中的机制又是怎样的?这些研究无疑有助于对社会保险缴费与企业人力资本投资关系的认识。

5.1 引　言

在我国经济高质量发展阶段，促进企业人力资本投资或职业培训等无形资产投资，是实现工业部门技能升级的关键渠道（Haepp and Lin，2017）。人力资本影响一个国家的经济增长和创新能力，对于经济结构的优化调整和区域发展差异缩小也具有重要的作用（Romer，1990；Heckman，2011；Fleisher et al.，2010）。大部分人力资本都是在工作中或在个人生命周期中积累的（Carneiro and Heckman，2003）。在日益开放和国际竞争的背景下，企业人力资本投资对促进劳动力不断适应新技术和组织结构、保持企业竞争力显得十分重要。尤其对于高技能劳动力相对稀缺的发展中国家来说，员工技能与岗位需求不匹配的结构性矛盾是制约企业发展和成长的重大障碍（Almeida and Aterido，2011）。作为新兴发展中国家，中国正在经历从"世界工厂"向高附加值产品生产的过渡阶段，与此同时，中国正在进入老龄化社会。一方面，高技能人才和服务业技能人才需求增加；另一方面，技能供给短缺和技能结构不均衡，出现技能不匹配即结构性失业的现象。要实现由要素驱动和人口红利驱动转向创新驱动和人力资本驱动，提升经济发展质量，需要尤其重视人力资本投资。

作为企业最沉重的税费负担之一，社会保险缴费直接增加了企业的劳动力成本，将对企业人力资本投资决策产生重要影响。蒙松和库雷希（Månsson and Quoreshi，2015）、考尼茨和埃格巴克（Kaunitz and Egebark，2019）、本扎蒂和哈留（Benzarti and Harju，2018）、塞斯等（Saez et al.，2019）、唐珏和封进（2019）的关于社会保险缴费对企业投资影响的实证研究，指出了社会保险缴费影响企业投资的三条渠道：一是社会保险缴费提升劳动力成本，降低产品需求，会对投资产生负向"规模效应"；二是劳动力成本上升导致资本相对劳动力价格降低，会对投资产生正向"替代效应"；三是社会保险缴费降低企业现金流，迫使投资下降。目前，学术界关于社会保险缴费对企业投资行为影响的研究集中于固定资产投资，缺乏对企业投资取向和分布的关注，忽视了企业金融投资、无形资产投资、人力资本投资、风险承担等行为。

从人力资本投资等无形资产投资具有类似固定资产投资的特征的角度而言（Eisfeldt and Papanikolaou，2013；Almeida and Campello，2007），社会保险缴费对人力资本投资也可能具备"替代效应"和"规模效应"。从社会保险提供劳动保护福利的角度来说，社会保险对企业人力资本投资的影响具有双面性：一方面，社会保险有利于建立长期的雇佣关系，从而可能促使企业增加企业专用的人力资本投资（Pierre and Scarpetta，2013）；另一方面，社会保险可能会增加临时合同的使用，从而降低企业投

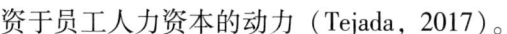

资于员工人力资本的动力（Tejada，2017）。

本章基于工业企业数据库 2004～2007 年的数据，研究社会保险缴费对企业人力资本投资的影响。研究结果显示，在控制了企业规模等企业层面和宏观经济层面的控制变量之后，社会保险缴费率与企业人均人力资本投资维持稳定的显著正相关关系。这表明，提高社会保险缴费率，企业会增加人力资本投资。实证结果符合非竞争性劳动力市场模型中的培训理论。在非竞争性劳动力市场中，社会保险缴费通过增加劳动保护、促进企业和员工形成长期就业关系，从而促进企业人力资本投资。基于企业高技能层次员工占比的异质性分析表明，社会保险缴费对不同企业的人力资本投资产生了不同的影响。社会保险缴费更多地促进员工平均工资高、学历程度高、职业职称高、职业资格高的企业的人力资本投资。这与社会保险缴费通过增强劳动保护、促进企业和员工建立长期的就业关系来增加企业的人力资本投资相吻合。

我国存在大量低技能、低学历工人和普遍的非正式就业现象。为探索社会保险缴费对人力资本投资的影响在企业内部不同技能层次工人层面是否存在异质性，应将不同技能层次员工的社会保险缴费对人力资本投资的影响进行对比。然而遗憾的是，数据库没有提供员工个体的培训支出数据，因此本章不能直接研究社会保险缴费对不同技能员工的人力资本投资的影响。本章将研究社会保险缴费对企业员工的技能结构的影响，对企业异质性分析进行补充。对社会保险缴费的就业结构效应进行分析，发现社会保险缴费具有就业结构效应。社会保险缴费率增加，总就业人数减少，但企业更多的是减少雇用低学历、无职称、无职业资格的工人，高学历、有职称、有职业资格的工人的雇用会增加。这进一步表明，社会保险缴费增加后，企业将更多地采取"人力资本"的策略，一方面雇用更多高技能人才，增加人力资本投资，另一方面解雇低技能工人。

本章的研究贡献主要体现在三个方面。首先，本章丰富了社会保险缴费对企业投资影响的研究。近年来随着微观数据的丰富，学者们开始逐渐关注社会保险缴费对微观层面企业的影响，但现有文献主要集中在社会保险缴费对员工就业和工资的影响上，少数文献进一步研究了社会保险缴费对企业利润和固定资产投资的影响。其次，为研究企业投资行为提供了新的视角。已有文献关于社会保险缴费对企业投资的影响的研究大都集中在对固定资产投资的影响上，本章追随前沿研究对企业投资行为进行拓展，探讨了社会保险缴费对企业人力资本投资的影响。最后，本章注重对非竞争性劳动力市场中社会保险缴费的影响进行探讨，将发展中经济体存在大量非正规就业的特征纳入考察范围，为后续研究提供了新的思路。

本章的后续安排如下：5.2节对社会保险缴费影响人力资本投资的相关文献进行梳理。5.3节介绍本章的数据来源、变量定义和模型设定。5.4节展示实证研究结果，进行异质性分析和稳健性分析。5.5节对本章内容进行总结和讨论。

5.2　社会保险缴费与企业人力资本投资的文献分析

关于社会保险缴费如何影响企业人力资本投资，古典人力资本理论和非竞争性劳动力市场模型提供了不同的视角。古典人力资本理论是基于贝克尔（Becker，1962）的竞争性劳动力市场模型，该模型区分了一般人力资本和公司专用的人力资本。一般人力资本是指在不同的公司中具有相同价值的能力或技能，公司专用的人力资本是指仅对特定公司具有价值的能力或技能。在完全竞争市场中，贝克尔（Becker，1962）推测，企业只会投资于公司专用的人力资本，一般人力资本投资由工人自己承担。这是因为，公司专用的人力资本投资只会增加工人当前工作中的生产率，培训后公司可以支付低于工人生产率水平的工资，公司有动机投资于公司专用的人力资本。而一般人力资本会提高工人在所有工作中的生产率，增加其市场工资，培训后公司必须向工人支付与其生产率相当的工资，并且不能收回投资。因此，基于古典人力资本理论，一方面，社会保险缴费增加企业劳动力成本，降低企业的现金流，由于企业无法用未来劳动生产率的提高来抵押借钱，培训投资往往面临流动性限制（Kuku，2016），流动性约束将抑制公司专用的人力资本投资。另一方面，社会保险缴费降低员工可支配收入，员工的一般人力资本投资也将减少。

考虑劳动力市场摩擦和信息不对称之后，阿西莫格鲁和皮施克（Acemoglu and Pischke，1999，2003）、勒文（Leuven，2005）等开发了非竞争性劳动力市场模型，发现了不同于古典模型的企业人力资本投资激励。在这些模型中，由于存在劳动力市场摩擦和信息不对称，雇员的边际生产率可能超过其工资。生产率与工资之间的这种差距产生了一种盈余，雇主可以部分地获得这一盈余，这为雇主提供了进行企业专用人力资本投资和一般人力资本投资的激励。在这种情况下，企业人力资本投资决策与培训成本、工资与生产率之间的差距、投资回收期等因素紧密相关，因为这些因素决定了企业进行人力资本投资的回报率。进一步地，皮施克（Pischke，2005）指出，工会或最低工资等劳动力市场制度，使得低技能水平的工人也具有"盈余"，因此会促进企业的人力资本投资。在非竞争性劳动力市场模型的基础之上，大量文献研究了劳动保护与企业人力资本投资的关系（Acemoglu，1997；Wasmer，2006；Almeida and Aterido，2011；Messe and Rouland，2014）。这些研究发现，劳动保护通过增加雇用或解雇成本提高了企业劳动力的调整成本，促进企业和员工建立起长期的就业关系，增加企业的人力资本投资。这也表明，劳动法规越严格，工人的生产率和工资之间的差距越大，企业人力资本投资就越有利可图。在这种情况下，社会保险缴费可能也会促进企业与员工建立长期的就业关系，使企业进行人力资本投资以分享更多的"盈余"，从而促进人力资本投资。

自 20 世纪 90 年代后期以来，随着临时工的雇用形式在世界范围内扩展，关于由技术发展、生产力差距和劳动力市场制度差异等因素驱动的固定工和临时工的二元劳动力市场的研究（dual labour market）引发了越来越多的关注（Blau and Kahn，1996；Booth et al.，2002；Tejada，2017），这将对社会保险缴费与企业的人力资本投资决策的关系产生重大影响。尤其对于发展中国家来说，劳动力市场中存在相当一部分的非正式工人。一些研究认为，税收和社会保险缴费负担是非正规性（informality）的最重要因素之一（Schneider and Enste，2000）。理论上，阿尔布雷希特等（Albrecht et al.，2009）通过构建模型研究发现，社会保险缴费增加了非正规性，特别是对能够逃避管控的小规模公司产生影响。实证证据表明，社会保险缴费与企业雇用临时工正相关。例如，安东（Antón，2014）、费尔南德斯和维拉尔（Fernández and Villar，2016）都对哥伦比亚 2012 年社会保险缴费率降低改革对非正式就业的影响进行估计，发现社会保险缴费率降低后，非正式就业显著减少。斯洛尼姆奇克（Slonimczyk，2011）使用 DID 方法，发现 2001 年俄罗斯的社会保险缴费减少 17% 使非正规性降低了 2.5% ~4%。

鉴于企业对固定工和临时工的人力资本投资差异，社会保险缴费增加可能导致企业增加临时工的雇用以充分利用临时就业，从而不利于企业人力资本投资。阿特金森（Atkinson，1984）开发的核心—外围理论（core - periphery model）为理解公司区分固定工和临时工的动机提供了有用的见解。该模型认为，现代公司将劳动力组织结构划分为核心部门和外围部门，核心部门包括内部、高技能、高薪、享受保障的工人，外围部门包括临时从外部劳动力市场雇用的低技能工人，用于缓解需求波动。通过这种方式，企业既追求生产功能正常，又追求生产数量灵活。核心部门固定工的高技能水平可确保生产功能正常，临时工可确保生产数量灵活。由此，受良好保护的高薪工人群体与受保护程度较低的低薪工人群体被巧妙地分隔开来，构成了二元劳动力市场。由于临时工的人力资本投资回报期较短，企业往往不愿意对临时工进行培训。实证证据也表明，企业对临时工的人力资本投资支出远远少于固定工（Booth et al.，2002；O'Connell and Bryne，2012）。此外，学者们进一步发现，当增加对固定工的就业保护时，面对更高的劳动力成本，雇主将倾向于雇用更多的临时工以应对需求的变化（Centeno and Novo，2012）。

5.3 数据及模型

5.3.1 数据来源及变量说明

本章采用工业企业数据库 2004～2007 年的数据进行研究。工业企业数据库覆盖了所有国有企业和年销售收入超过 500 万元的非国有企业（2011 年起为 2000 万元以上），提供了企业生产销售、财务状况等详细信息。2004～2007 年还提供了企业职工教育经费，可用于研究企业人力资本投资。为了构建面板数据，本章主要利用公司的法人代码（ID）进行长期匹配。由于一些公司的 ID 随时间发生改变，本章借鉴勃兰特等（Brandt et al.，2012）提出的程序，还利用其他的公司信息进行匹配。

借鉴侯和林（Haepp and Lin，2017）、马双和甘犁（2014）的做法，采用企业职工教育经费衡量企业的人力资本投资。具体而言，主回归和异质性分析中以人均职工教育经费衡量企业人力资本投资，在稳健性检验中采用企业总职工教育经费的对数，以及企业职工教育经费是否为零的虚拟变量来衡量人力资本投资。参考唐珏和封进（2019）的做法，采用工业企业数据库披露的劳动待业保险费、养老保险费和养老医疗保险费等几个指标，构建企业社会保险缴费总额，用社会保险缴费总额与本年应付工资总额之比衡量企业社会保险缴费率。职工教育经费和社保缴费在工业企业数据库中是分开统计的。参考以往文献，在进行回归时，本章还控制企业层面和宏观层面的两类变量。根据马双和甘犁（2014）的观点，企业规模与企业人力资本投资相关，大企业更倾向于进行人力资本投资，因此本章采用企业总资产衡量企业规模。国有企业和非国有企业的人力资本投资策略可能有所不同，因此控制了是否国有控股的虚拟变量。企业的杠杆率、存货占比等系列变量也被控制，以刻画企业的现金流、销售能力、盈利能力等。此外，还控制了地区生产总值。主要变量的定义见表5-1，描述性统计见表5-2。

表5-1 主要变量定义

变量名	变量名称	变量定义
avetrain	人均人力资本投资	职工教育经费/员工人数，千元
dumtrain	企业进行人力资本投资	职工教育经费是否大于0的虚拟变量
lntrain	总人力资本投资	（职工教育经费+1）的自然对数，千元
socialrate	社会保险缴费率	社会保险缴费/应付薪酬总额
wage	平均工资	应付薪酬总额/员工人数/12，千元
lnasset	企业资产的对数	企业总资产的自然对数
lever	杠杆率	企业总负债/总资产
inventory	存货占比	存货/总产值
unitprofit	单位产值盈利	营业利润/总产值
soe	国有控股	是否国有控股
gdp	地区生产总值	省地区生产总值

表5-2 描述性统计

变量	样本量	均值	标准差
lntrain	1 068 658	1.290 9	1.767 7
avetrain	1 068 568	0.127 8	0.497 9
dumtrain	1 068 658	0.416 9	0.493 1
socialrate	1 066 242	0.075 1	0.114 6
wage	1 068 892	1.333 2	1.037 2
lnasset	1 067 972	9.799 6	1.391 8
lever	1 067 972	0.565 3	0.282 2
inventory	1 064 765	0.154 9	0.216 4
unitprofit	1 064 765	0.033 4	0.091 2

续表

变量	样本量	均值	标准差
soe	1 068 909	0. 084 6	0. 278 3
gdp	1 045 594	13 914	7 725

5.3.2   实证模型

为了考察社会保险缴费与企业人力资本投资的关系，本章使用以下固定效应（FE）模型：

$$HI_{it} = \beta_0 + \beta_1 Socialrate_{it} + \beta_2 Controls_{it} + \alpha_t + \mu_i + \varepsilon_{it} \quad (5-1)$$

具体地，HI_{it} 是企业人力资本投资，用人均培训费用衡量；$Socialrate_{it}$ 是企业社会保险缴费和应付职工薪酬之比率。$Controls_{it}$ 是一系列随时间变化的企业层面和宏观层面的控制变量。参考马双和甘犁（2014）、赵健宇和陆正飞（2018）、哈普和林（Haepp and Lin，2017）的研究，在企业层面，控制了企业规模（lnasset）、人均薪酬（wage）、杠杆率（lever）、存货占比（inventory）、单位产值盈利（unitprofit）、国有控股（soe）；在宏观层面，控制了省级 GDP。α_t 是年份固定效应，μ_i 是企业固定效应，ε_{it} 是标准误。此外，还控制了省份固定效应。企业固定效应用于控制企业层面不随时间发生改变的特征，如企业特定的文化等；年份固定效应用于控制特定年份的冲击；省份固定效应用于控制省份特定经济特征和发展模式。

5.4　实证分析结果

5.4.1　基本回归结果

表 5 - 3 汇报了社会保险缴费率与人力资本投资的基本回归结果①。表 5 - 3 的第（1）列仅控制了年份固定效应和企业固定效应，社会保险缴费率与企业人均人力资本投资显著正相关。在此基础上，第（2）列控制了企业规模、人均薪酬、杠杆率、存货占比、单位产值盈利、国有控股等企业层面的控制变量，第（3）列控制了省级 GDP，第（4）列控制了省份固定效应。实证研究结果显示，社会保险缴费率与企业人均人力资本投资保持稳定的显著正相关关系。这表明，提高社会保险缴费率，企业会增加人力资本投资。实证结果与非竞争性劳动力市场模型中的培训理论更加符合。在非竞争性劳动力市场中，社会保险缴费通过增加劳动保护，促进企业和员工形成长期就业关系，从而促进企业人力资本投资。古典人力资本理论在本章中没有得到验证。根据第（4）列的结果，社会保险缴费率每增加 1 个百分点，企业人均人力资本投资增加 2.147 元。

---

①　变量相关性分析见附录附表 2。

表 5 – 3　　　　社会保险缴费率与企业人均人力资本投资

变量	（1）	（2）	（3）	（4）
socialrate	0. 184 6***	0. 218 5***	0. 214 7***	0. 214 7***
	（0. 009 8）	（0. 010 3）	（0. 010 4）	（0. 010 4）
wage		0. 039 5***	0. 039 7***	0. 039 7***
		（0. 001 4）	（0. 001 4）	（0. 001 4）
lnasset		0. 023 6***	0. 024 3***	0. 024 4***
		（0. 002 0）	（0. 002 1）	（0. 002 1）
lever		0. 004 3	0. 003 9	0. 003 9
		（0. 004 1）	（0. 004 2）	（0. 004 2）
inventory		– 0. 021 5***	– 0. 021 6***	– 0. 021 5***
		（0. 004 4）	（0. 004 5）	（0. 004 5）
unitprofit		0. 036 5***	0. 032 3***	0. 032 5***
		（0. 010 1）	（0. 010 2）	（0. 010 2）
soe		0. 000 5	0. 001 2	0. 001 0
		（0. 006 5）	（0. 006 7）	（0. 006 7）
gdp			– 0. 000 0***	– 0. 000 0***
			（0. 000 0）	（0. 000 0）
Constant	0. 094 5***	– 0. 177 2***	– 0. 150 9***	0. 105 5
	（0. 001 0）	（0. 019 5）	（0. 019 8）	（0. 385 8）
Year FE	√	√	√	√
Firm FE	√	√	√	√
Province FE				√
Observations	1 065 902	1 013 214	991 478	991 478
R-squared	0. 002 7	0. 007 7	0. 007 8	0. 007 9

注：括号中为异方差稳健标准误，*** 表示在 1% 的水平上显著。

5.4.2　异质性分析

如果社会保险缴费通过增强劳动保护，促进企业和员工建立

133

长期的就业关系来增加企业的人力资本投资，那么不同技能层次的员工培训带给企业的收益会有所不同，因此社会保险缴费将对企业人力资本投资产生异质性的影响。首先，根据企业平均工资，分析社会保险缴费的异质性效应，实证研究结果汇报在表5－4中。

表5－4　　平均工资分组：社会保险缴费率与人力资本投资

变量	(1) 工资低	(2) 工资高	(3) 1/5	(4) 2/5	(5) 3/5	(6) 4/5	(7) 5/5
socialrate	0.163 2*** (0.013 5)	0.281 3*** (0.019 4)	0.133 4*** (0.020 8)	0.118 2*** (0.022 0)	0.136 5*** (0.032 3)	0.153 0*** (0.039 3)	0.427 5*** (0.039 7)
Controls	√	√	√	√	√	√	√
Year FE	√	√	√	√	√	√	√
Firm FE	√	√	√	√	√	√	√
Province FE	√	√	√	√	√	√	√
Observations	492 428	499 050	193 791	198 780	200 187	200 414	198 306
R-squared	0.003 6	0.008 5	0.003 6	0.003 8	0.004 1	0.005 3	0.010 1

注：括号中为异方差稳健标准误，＊＊＊表示在1％的水平上显著。

　　表5－4的第（1）列和第（2）列分别呈现平均工资低和平均工资高的分组回归结果。虽然社会保险缴费率变量的系数在两个小组中都显著，但是平均工资低的企业的系数远远小于平均工资高的企业。这表明，社会保险缴费促进人力资本投资的效应在平均工资高的企业中更大。鉴于工业企业数据量的丰富，本章进一步将企业分成平均工资从低到高的五组，进行分组回归，结果展示在第（3）列至第（7）列中。可以看出，随着平均工资的增加，社会保险缴费率的系数整体呈上升趋势，图5－1更加形

象地展现了这一增加趋势。这进一步证实，社会保险缴费更多地
促进平均工资高的企业增加人力资本投资。

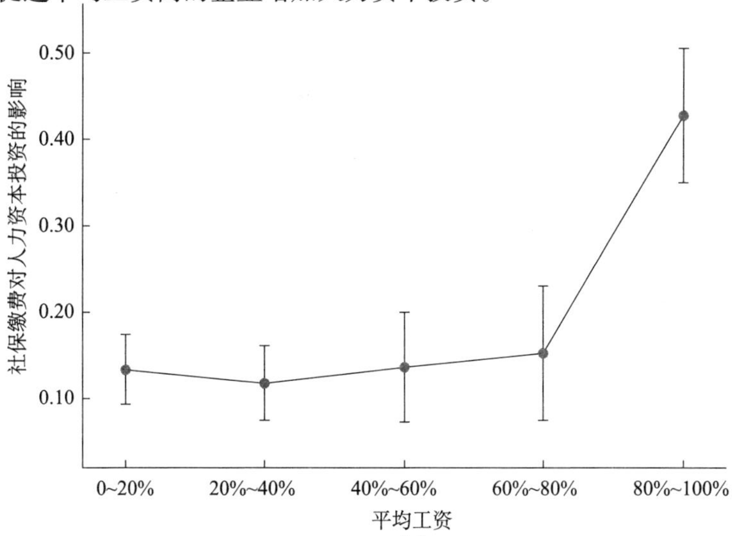

（a）

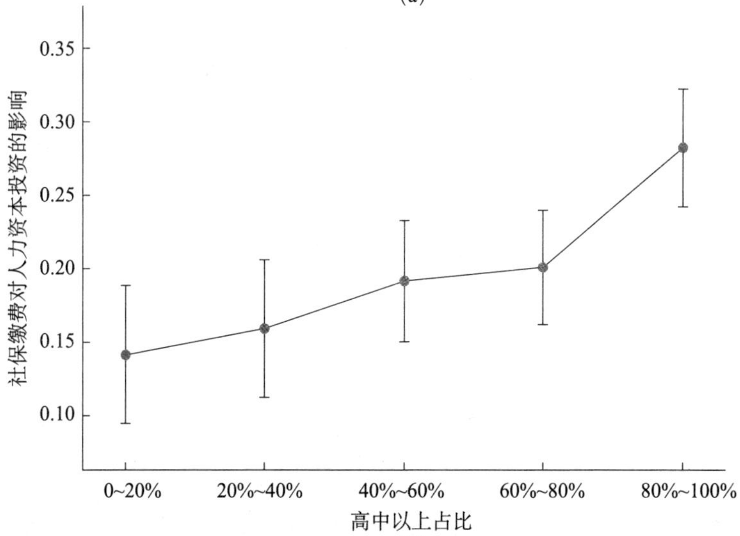

（b）

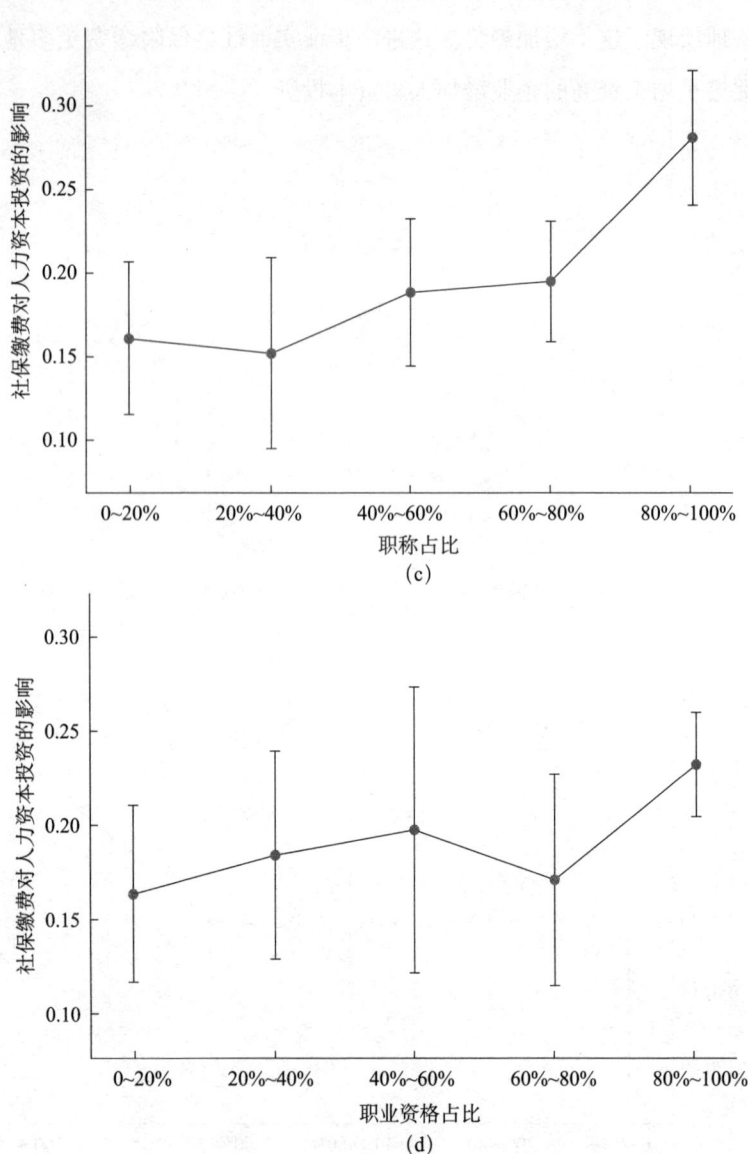

图5-1 异质性分析：社会保险缴费率与人力资本投资

其次，本章还根据企业工人的学历程度进行分组回归，结果汇报在表 5 – 5 中。需要说明的是，工业企业数据库仅在 2004 年调查了企业员工的学历结构，因此本章根据 2004 年的学历结构进行分组。表 5 – 5 的第（1）列和第（2）列根据高中及以上学历人数占比，将企业分成两组进行回归。可以看出，高中及以上学历人数占比高的企业，社会保险缴费率的系数更大，比高中及以上学历人数占比低的企业大约高 40%。进一步根据高中及以上学历人数占比这一变量的大小，将样本分成五组进行分组回归，结果汇报在第（3）列至第（7）列。与表 5 – 4 中平均工资分组回归的结果类似，社会保险缴费率的系数随着企业高学历人数占比的提高而增加。这表明，社会保险缴费更多地促进高学历人数占比高的企业的人力资本投资。

表 5 – 5　　　　学历分组：社会保险缴费率与人力资本投资

变量	(1) 高中及以上占比低	(2) 高中及以上占比高	(3) 1/5	(4) 2/5	(5) 3/5	(6) 4/5	(7) 5/5
socialrate	0. 155 8 *** (0. 014 7)	0. 247 1 *** (0. 013 9)	0. 140 4 *** (0. 024 1)	0. 158 3 *** (0. 023 5)	0. 191 7 *** (0. 021 4)	0. 201 2 *** (0. 020 6)	0. 282 0 *** (0. 020 7)
Controls	√	√	√	√	√	√	√
Year FE	√	√	√	√	√	√	√
Firm FE	√	√	√	√	√	√	√
Province FE	√	√	√	√	√	√	√
Observations	398 217	593 261	159 207	159 833	160 568	158 138	353 732
R-squared	0. 007 1	0. 008 5	0. 006 6	0. 006 4	0. 009 3	0. 010 6	0. 008 2

注：括号中为异方差稳健标准误，＊＊＊表示在 1% 的水平上显著。

最后，本章根据企业的员工职称结构和技术资格结构进行分组，结果分别汇报在表5-6和表5-7中。职称结构和技术资格结构也仅在2004年调查，因此本章根据2004年的职称结构和技术资格结构进行分组。职称是专业技术人员的专业技术水平、能力、成就的等级称号，分为高级、中级和初级职称。职业资格是对从事某一职业所必备的学识、技术和能力的基本要求，分为初级工、中级工、高级工、技师、高级技师。本章根据企业员工具有职称人数的占比、企业员工具有职业资格人数的占比进行分组。由表5-6的第（1）列和第（2）列以及表5-7的第（1）列和第（2）列可知，职称人数占比高的企业的社会保险缴费率系数大于职称人数占比低的企业，职业资格人数占比高的企业的社会保险缴费率系数大于职业资格人数占比低的企业。由表5-6的第（3）列至第（7）列以及表5-7的第（3）列至第（7）列可知，社会保险缴费率的系数随着企业职称人数占比或职业资格人数占比的增加而上升。

表5-6　　　　职称占比分组：社会保险缴费率与人力资本投资

变量	(1)职称占比低	(2)职称占比高	(3)1/5	(4)2/5	(5)3/5	(6)4/5	(7)5/5
socialrate	0.168 1 ***	0.240 8 ***	0.161 1 ***	0.152 4 ***	0.188 3 ***	0.194 5 ***	0.280 6 ***
	(0.016 8)	(0.013 1)	(0.023 1)	(0.029 0)	(0.022 4)	(0.018 1)	(0.020 1)
Controls	√	√	√	√	√	√	√
Year FE	√	√	√	√	√	√	√
Firm FE	√	√	√	√	√	√	√

续表

变量	(1)职称占比低	(2)职称占比高	(3)1/5	(4)2/5	(5)3/5	(6)4/5	(7)5/5
Province FE	√	√	√	√	√	√	√
Observations	401 052	590 426	217 056	103 659	159 950	159 483	351 330
R-squared	0.006 1	0.009 2	0.005 8	0.008 3	0.008 7	0.010 4	0.009 4

注：括号中为异方差稳健标准误，＊＊＊表示在1%的水平上显著。

表 5-7　职业资格分组：社会保险缴费率与人力资本投资

变量	(1)职业资格占比低	(2)职业资格占比高	(3)1/5	(4)2/5	(5)3/5	(6)4/5	(7)5/5
socialrate	0.203 7＊＊＊	0.224 8＊＊＊	0.162 7＊＊＊	0.183 5＊＊＊	0.197 0＊＊＊	0.170 5＊＊＊	0.230 1＊＊＊
	(0.014 5)	(0.014 7)	(0.023 8)	(0.028 0)	(0.038 5)	(0.028 5)	(0.013 2)
Controls	√	√	√	√	√	√	√
Year FE	√	√	√	√	√	√	√
Firm FE	√	√	√	√	√	√	√
Province FE	√	√	√	√	√	√	√
Observations	465 038	526 440	67 107	66 621	66 006	66 020	725 724
R-squared	0.007 3	0.008 8	0.011 8	0.008 9	0.010 9	0.008 4	0.007 6

注：括号中为异方差稳健标准误，＊＊＊表示在1%的水平上显著。

综合异质性分析的结果，社会保险缴费对不同企业的人力资本投资产生了不同的影响。社会保险缴费更多地促进员工平均工资高、学历程度高、职业职称高、职业资格高的企业的人力资本投资。由于本章使用的是工业企业数据库数据，工业企业的样本是国有企业或者年销售收入大于500万元的企业，发现社会保险缴费对企业人力资本投资具有促进作用就显得更加合理。对于经营规模小的企业，本章的结论并不一定完全适用，这有待关于小微企业更多详细数据的披露和未来研究更为深入的探讨。

5.4.3 就业结构效应分析

本章已经发现，社会保险缴费将促进企业对员工的人力资本投资，尤其是对高技能高学历员工占比高的企业促进作用更大。那么，对企业内部不同技能层次的员工而言，社会保险缴费的影响有何不同？由于我国存在大量低技能、低学历工人和普遍的非正式就业现象，对这一问题的研究将具有较大的现实意义。然而遗憾的是，数据库没有提供员工个体的培训支出数据，因此本章不能直接研究社会保险缴费对不同技能员工的人力资本投资的影响。本章将研究社会保险缴费对企业员工的技能结构的影响，对企业异质性分析进行补充。

首先，本章分析社会保险缴费的总就业效应①。表5-8中结果显示，社会保险缴费具有显著的负就业效应。根据表5-8第（1）列的结果，社会保险缴费率每提高1个百分点，总就业人数减少0.2050%。根据第（2）列和第（3）列的结果，社会保险缴费率增加，男性和女性的就业人数都将减少，其中女性就业人数减少0.1348%，男性就业人数0.2332%。男性效应大于女性，可能是因为男性就业人口基数更大，根据2004~2007年工业企

---

① 就业人数变量取自然对数，表5-9、表5-10、表5-11中就业人数也取自然对数。

业数据库数据，就业人口中女性比例约为38%。

表5-8　　　　　　　　社会保险缴费与就业人数

变量	（1） 总就业人数	（2） 女性就业人数	（3） 男性就业人数
socialrate	-0.205 0***	-0.134 8***	-0.233 2***
	(0.005 4)	(0.006 8)	(0.006 9)
Controls	√	√	√
Year FE	√	√	√
Firm FE	√	√	√
Province FE	√	√	√
Observations	991 764	966 072	986 487
R-squared	0.134 1	0.042 9	0.092 8

注：括号中为异方差稳健标准误，***表示在1%的水平上显著。

证实了社会保险缴费具有负就业效应后，本章研究劳动力的学历结构、职称结构和职业资格结构的变化。表5-9汇报了社会保险缴费与劳动力学历结构的关系。表5-9的第（1）列至第（3）列汇报了企业中不同学历就业人数的变化，第（4）列至第（6）列汇报了企业中不同学历就业人数占比的变化。由表5-9可知，随着社会保险缴费率的提高，大学及以上学历的就业人数显著增加，高中学历的就业人数也显著增加，初中及以下学历的就业人数显著减少。从就业人数的学历占比来看，大学及以上学历、高中学历的占比显著增加，初中及以下的占比显著减少。这说明，社会保险缴费增加，会导致企业增加雇用高学历的工人，解雇低学历的工人。

表 5 – 9　　　　　　社会保险缴费与劳动力的学历结构

变量	(1) 大学及以 上人数	(2) 高中人数	(3) 初中及以 下人数	(4) 大学及以 上占比	(5) 高中占比	(6) 初中及以 下占比
socialrate	0.445 7***	0.053 0**	− 0.922 3***	0.099 4***	0.135 4***	− 0.220 2***
	(0.020 6)	(0.020 7)	(0.024 0)	(0.003 2)	(0.004 5)	(0.005 4)
Controls	√	√	√	√	√	√
Year FE	√	√	√	√	√	√
Firm FE	√	√	√	√	√	√
Province FE	√	√	√	√	√	√
Observations	196 942	224 810	218 155	230 739	230 739	230 739
R-squared	0.491 3	0.435 8	0.245 9	0.183 8	0.066 1	0.181 6

注：括号中为异方差稳健标准误，***表示在1%的水平上显著。

　　进一步地，表 5 – 10 分析了社会保险缴费与劳动力职称结构的关系。表 5 – 10 的第（1）列至第（3）列汇报了企业中不同职称就业人数的变化，第（4）列至第（6）列汇报了企业中不同职称就业人数占比的变化。由表 5 – 10 可知，随着社会保险缴费率的提高，具有中高级职称的就业人数显著增加，具有初级职称的就业人数也显著增加，无职称的就业人数显著减少。从就业人数的职称占比来看，具有中高级职称、初级职称的人数占比显著增加，无职称的占比显著减少。这说明，社会保险缴费增加，会导致企业增加雇用具有职称的工人，解雇无职称的工人。

142

表5-10　　　　　社会保险缴费与劳动力的职称结构

变量	(1) 中高级职称人数	(2) 初级职称人数	(3) 无职称人数	(4) 中高级职称占比	(5) 初级职称占比	(6) 无职称占比
socialrate	0.314 7***	0.530 9***	-0.656 3***	0.041 9***	0.069 7***	-0.111 3***
	(0.023 2)	(0.023 5)	(0.017 8)	(0.001 7)	(0.002 0)	(0.003 1)
Controls	√	√	√	√	√	√
Year FE	√	√	√	√	√	√
Firm FE	√	√	√	√	√	√
Province FE	√	√	√	√	√	√
Observations	136 451	144 666	229 597	230 739	230 739	230 739
R-squared	0.380 7	0.416 8	0.440 9	0.089 4	0.062 2	0.095 9

注：括号中为异方差稳健标准误，＊＊＊表示在1%的水平上显著。

最后，表5-11展示了社会保险缴费与劳动力职业资格结构的关系。表5-11第（1）列至第（3）列汇报了企业中不同职业资格就业人数的变化，第（4）列至第（6）列汇报了企业中不同职业资格就业人数占比的变化。由表可知，随着社会保险缴费率的提高，具有高级技工及以上职业资格的就业人数不变，具有中级技工职业资格的就业人数显著增加，无职业资格的就业人数显著减少。从就业人数的占比来看，具有高级技工及以上职业资格、中级技工职业资格的人数占比显著增加，无职业资格的占比显著减少。这说明，社会保险缴费增加，会导致企业增加雇用具有职业资格的工人，解雇无职业资格的工人。

表 5 – 11 社会保险缴费与劳动力的职业资格结构

变量	(1) 高级技工及 以上人数	(2) 中级技 工人数	(3) 无职业资 格人数	(4) 高级技工及 以上占比	(5) 中级技工 人占比	(6) 无职业资 格占比
socialrate	−0.040 7	0.657 4***	−0.636 4***	0.024 4***	0.051 4***	−0.076 8***
	(0.041 6)	(0.043 0)	(0.017 4)	(0.001 9)	(0.002 5)	(0.003 8)
Controls	√	√	√	√	√	√
Year FE	√	√	√	√	√	√
Firm FE	√	√	√	√	√	√
Province FE	√	√	√	√	√	√
Observations	74 027	74 293	229 941	230 739	230 739	230 739
R-squared	0.246 8	0.328 0	0.450 0	0.050 9	0.046 4	0.064 8

注：括号中为异方差稳健标准误，***表示在1%的水平上显著。

总体而言，社会保险缴费就业结构效应分析证实，提高社会保险缴费率，整体而言企业将减少雇用人数。但企业更多的是减少低学历、无职称、无职业资格的工人，高学历、有职称、有职业资格的工人的雇用会增加。这进一步表明，社会保险缴费增加后，企业将更多地采取"人力资本"的策略，一方面雇用更多高技能人才，增加人力资本投资，另一方面解雇低技能工人。

5.4.4 稳健性分析

为了验证社会保险缴费对企业人力资本投资影响实证结果的稳健性，本章改变了因变量的度量方法。表 5 – 12 采用企业总培训费衡量人力资本投资，第（1）列仅控制企业固定效应和年份固定效应，第（2）列至第（4）列依次控制企业层面控制变量、宏观层面控制变量、省份固定效应。实证结果显示，社会保险缴费与企业总培训费呈稳定且显著的正相关关系。表 5 - 13 采用企业是否进行人力资本投资作为因变量，结果依然稳健。

表 5 - 12　　　　　社会保险缴费率与企业总培训费

变量	(1)	(2)	(3)	(4)
socialrate	0.913 9 ***	0.952 6 ***	0.943 0 ***	0.942 8 ***
	(0.019 8)	(0.020 8)	(0.020 9)	(0.020 9)
Firm Characteristics		√	√	√
Macroeconomic Characteristic			√	√
Province FE				√
Year FE	√	√	√	√
Firm FE	√	√	√	√
Observations	1 065 918	1 013 214	991 478	991 478
R-squared	0.006 4	0.013 2	0.013 2	0.013 3

注：括号中为异方差稳健标准误，＊＊＊表示在1%的水平上显著。

表 5 - 13　　　　　社会保险缴费率与企业是否培训

变量	(1)	(2)	(3)	(4)
socialrate	0.279 6 ***	0.283 9 ***	0.281 1 ***	0.281 0 ***
	(0.005 7)	(0.006 0)	(0.006 1)	(0.006 1)
Firm Characteristics		√	√	√
Macroeconomic Characteristic			√	√
Province FE				√
Year FE	√	√	√	√
Firm FE	√	√	√	√
Observations	1 065 918	1 013 214	991 478	991 478
R-squared	0.005 4	0.007 7	0.007 6	0.007 6

注：括号中为异方差稳健标准误，＊＊＊表示在1%的水平上显著。

5.5　本章小结与讨论

中国企业高达 40% 的社会保险缴费率已经持续了 20 多年，对企业造成深远影响（杨翠迎等，2018）。作为驱动经济增长的核心动力，企业不同投资结构或取向受到社会保险缴费的影响。我国当前步入经济高质量发展阶段，资本积累程度已经达到较高水平，面临经济增长的质量与结构升级。在这一阶段，粗放的固定资本投资对经济价值的贡献降低，人力资本投资、研发投资、无形资产投资等通过提高全要素生产率、转变生产方式来推动经济高质量发展尤为重要。一方面，社会保险缴费抬高企业劳动力成本，降低企业现金流，抑制企业包括人力资本投资在内的所有投资；另一方面，社会保险提供的福利吸引高素质员工，提高劳动生产率，鼓励员工与企业建立长期雇佣关系，促进企业进行人力资本投资。

利用工业企业数据库 2004～2007 年丰富的企业级数据，本章从微观企业层面研究社会保险缴费对企业人力资本投资的影响，发现社会保险缴费显著增加了企业的人力资本投资。并且，这种增加效应更多地体现在员工教育程度高和员工技能水平高的企业。这一实证结果表明，社会保险提供的福利对员工生产率的促进作用可能十分重要，促进了企业和员工形成长期就业关系，鼓励企业进行人力资本投资。进一步对社会保险缴费的就业结构效应进行分析,发现社会保险缴费率提高后,企业减少雇用低学历、无职称、无职业资格的工人,增加雇用高学历、有职称、有职业资格的工人。这进一步证实,社会保险缴费增加后,企业将更多地采取提升"人力资本"的策略,一方面雇用更多高技能人才,增加人力资本投资,另一方面解雇低技能工人。

促进企业合理有效投资、着力发挥投资对优化供给结构的关键性作用是我国经济结构调整时期的重要问题。本章的结论表明,社会保险缴费率与企业人力资本投资正相关,但企业在提升人力资本的同时,会解雇低技能水平的工人。这表明,我国一刀切的社会保险缴费率对于不同工资水平的工人具有不用的效应。对于高技能水平工人而言,企业愿意为其支付较高比例的社会保险缴费,以此来提升企业的劳动生产率。对于低技能水平工人而言,企业不愿意为其支付较高比例的社会保险缴费。要改善社会保险制度,首先应降低现行社会保险缴费率的水平,增进低技能水平员工的支付意愿;其次,应加快企业年金和个人商业养老保险的发展,以满足高技能水平员工的需求。

本章只是基于中国经济现实,对社会保险缴费与企业人力资本投资之间关系的初步探索,存在不足之处有待未来研究进一步完善。由于本章使用的是工业企业数据库数据,样本是国有企业或者年销售收入大于 500 万元的大型企业,本章的结论并不一定能够完全适用于广泛的小微企业。对小微企业而言,市场规模更小、风险抵抗能力更差、社会保险缴费率提高时，企业的人力资本投资决策可能与大型企业不一致。随着更多关于小微企业详细数据的披露，未来研究有望得到进一步完善。同时，由于工业企业数据没有提供员工个体的培训支出数据，本章不能分析社会保险缴费对不同员工的人力资本投资的异质性影响。

6

第6章
社会保险缴费与
企业风险承担

　　前 2 章讨论了社会保险缴费对企业金融投资和人力资本投资的影响。这两项投资分别从金融和实业的角度刻画企业投资，只衡量了企业投资的一个方面。风险是投资决策的固有属性，企业可以被视为不同风险项目的组合。企业风险承担是企业利用投资风险创造价值的行为，是企业投资决策中的一种选择。企业风险承担综合考虑了金融投资和实业投资，更加全方位地刻画企业投资。近年来，企业风险承担逐渐受到重视，涌现了一大批关于风险承担的文献。一方面，企业风险承担和企业家精神被认为是经济增长的动力，投资高风险高回报的高科技项目可以促进技术进步，实现资本积累；另一方面，过度冒险可能会引发危机。在关于企业风险承担影响因素的研究中，现有文献从个人、组织、行业、社会等层面进行了探讨，一些国外文献开始从税收的角度进行分析，国内从这一角度进行探索的文献仍然相对不足。因此，本章将研究政府重要税费之一的社会保险缴费对企业风险承担的影响。

6.1 引　言

风险承担是企业投资决策活动的重要选择，是企业利用投资风险创造价值的行为（Faccio et al.，2016）。风险承担可以看作企业生产经营中对预期收益的波动性的选择（Boubakri et al.，2013）。从财务管理的角度来看，投资是财务管理活动的起点，也是核心。

企业风险承担对企业资源配置效率和宏观经济增长都具有重要意义。企业的风险承担是企业为了获取高收益和有前景的市场发展机会而愿意承担风险，能够反映企业在进行投资决策时的风险偏好，企业的风险承担水平越高，在作出决策时越倾向于选择具有高风险但预期净现值 NPV 为正值的项目（Coles et al.，2006；John et al.，2008）。理论上，在完美市场中，企业对所有投资项目按净现值 NPV 从高到低进行排序，将投资所有 NPV 大于 0 的项目。现实中，当企业受到各种外部环境和企业内部因素的影响而采取风险规避的投资策略时，企业将放弃高风险的 NPV 大于 0 的项目，仅仅选择低风险的 NPV 大于 0 的项目，降低风险承担水平，导致非效率投资（李文贵和余明桂，2012）。风险承担改变了企业绩效概率分布，提高了企业绩效的期望值，意味

着投资机会的充分识别和利用，有助于提高企业资本配置效率
（Faccio et al.，2016）。风险承担被认为对公司的长期增长具有
积极影响，可以帮助企业获取更多利润，积累更多财富（Faccio
et al.，2011）。企业家精神和风险承担也被视为经济增长的引
擎，企业家愿意冒险寻求有利可图的机会是长期经济增长的基础
（Acemoglu and Zilibotti，1997；Baumol et al.，2007）。索洛（So-
low，1956）指出，风险承担对公司和经济体而言都是必不可少
的。一些学者强调，少数快速成长的公司在创造就业机会和经济
增长中起到重要作用（Schreyer，2000；Acs，2008），这些具备
高影响力的企业家或公司进行突破性创新或将关键创新商业化，
提取大量企业租金，刺激公司发展、经济增长和就业增加，并拓
展生产可能性边界（Acs，2008）。

　　在我国经济发展转型的关键时期，企业风险承担行为尤为重
要。近年来，随着我国经济发展转型，经济增长正在从数量扩张
转向效率改进和结构优化。当经济体中资本积累较低时，采取增
加粗放型资本投资的策略就可以促进经济增长；当经济体中资本
积累已经较高时，传统粗放型增长方式效率降低，技术投资对推
动经济发展发挥重要作用（郝颖等，2014）。技术投资往往具有
周期长、不确定性高的特点，一般是高风险投资。因此，在推进
供给侧结构性改革的背景下，企业为了获取高收益和有前景的市
场发展而愿意承担风险具有重要意义。

　　关于企业风险承担影响因素的研究中，已有文献主要以代理

理论和高层梯队理论为基础进行解释，同时强调风险承担的资源消耗特征。首先，根据代理理论，管理层与股东之间的第一类代理问题，以及股东和债权人之间的第二类代理问题都会影响企业的风险承担。与股东相比，管理层为了规避风险可能不愿意投资高风险项目，过度自信可以在一定程度上缓解这一代理问题（Baker and Wurgler，2013）。债权人在项目成功时只获得固定收益，在项目损失时承担巨大损失，因此股东往往比债权人更有动机进行冒险，从而损害债权人的权益（Paligorova，2010；Favara et al.，2019）。其次，根据高层梯队理论，管理层的人口社会背景等特质会影响企业决策，从而影响企业风险承担水平。已有研究已经发现，管理者的年龄（刘鑫和薛有志，2016；吕文栋等，2015）、性别（Faccio et al.，2016）、个人经历（Malmendier and Nagel，2011）都会影响企业风险承担行为。最后，企业风险承担行为是一项持续性的资源消耗性活动，如果缺乏资源支持，企业投资将会受到不利影响，风险承担水平也将发生改变。

基于代理理论、高层梯队理论和风险承担的资源消耗特征，学者们大致从企业内部因素和外部环境两方面分析风险承担的影响因素。从企业内部因素来看，现有文献大多在"代理理论"和"高阶梯队理论"的基础上进行展开。在企业特征方面，企业财务状况和社会网络（张敏等，2015）为企业提供资源支持，提升企业风险承担水平。在企业内部治理方面，股东性质（Boubakri et al.，2013）、股东结构（Nguyen，2011）、董事会规模

（Koerniadi et al.，2014）和管理者特征（Baker and Wurgler，2013）都会影响企业风险承担水平，公司治理水平提高可以有效缓解企业内部代理问题，促进企业风险承担。从外部环境因素来看，学者们强调法律环境、媒体、市场、文化、政府等因素对企业风险承担的影响（Bargeron et al.，2010；Paligorova，2010；Favara et al.，2019）。政府对企业风险承担的影响具有双面性，一方面，政府对企业资源和资金的支持会促进企业投资研发创新项目，提升企业风险承担水平；另一方面，过度的政治关联或补贴可能弱化公司治理，企业将更关注寻租而非价值创造活动（Boubakri et al.，2013）。在政府因素之中，一部分文献研究了税收对企业风险承担行为的影响，强调税收改变了不同风险投资的预期收益，税收税率高低、税率累进性质、损失抵免等制度设计都会影响企业风险承担水平（Ljungqvist et al.，2017）。

但是关于税收与企业风险承担的研究中，企业最沉重的税费之一社会保险缴费并没有受到足够重视。近年来，以赛斯（Saez）为代表的国外学者基于自然实验的方法，运用微观数据展开了一系列关于社会保险缴费与企业多种行为关系的研究（Saez et al.，2012；Saez et al.，2019）。中国企业社会保险缴费率高达40%，企业负担沉重，显著高于大部分 OECD 国家和亚洲其他国家。社会保险缴费对企业参保率、工资、就业、投资的影响近年来逐渐受到学者的关注（封进，2013；赵静等，2016；赵健宇和陆正飞，2018；白重恩，2019；沈永建等，2020）。针

153

对目前企业风险承担行为研究中对社会保险缴费的关注不足以及国内外关于社会保险缴费影响研究的最新进展，本章试图对社会保险缴费与企业风险承担关系展开研究。

利用国泰安数据库（CSMAR）提供的 2007～2017 年 A 股非金融业上市公司的数据，本章考察了社会保险缴费率对企业风险承担的影响。参考已有文献，企业社会保险缴费率用企业社会保险费占应付职工薪酬总额的比例衡量，企业风险承担用企业资产收益率（ROIC）的波动率来衡量。值得注意的是，本章计算的是利息和税收之前的 ROIC，因此捕获的是业务风险，而不是融资风险。在控制了企业规模、企业杠杆率、企业现金流、省 GDP 增长率和 M2 增长率、企业固定效应、行业固定效应、省份固定效应等因素之后，发现社会保险缴费率和企业资产收益率的波动率呈负相关关系。这表明，社会保险缴费将降低企业的风险承担水平。

机制分析表明，社会保险缴费率降低企业的风险承担主要发生在劳动密集度高的企业。劳动密集度高的企业，受社会保险缴费的影响更大，劳动力成本增加更多，企业风险承担降低更为严重。按企业杠杆率和现金流的高低将样本分为两组，发现杠杆率高的企业的风险承担受到的影响远大于杠杆率低的企业，现金流低的企业的风险承担受到的影响远大于现金流高的企业。此外，用工会参与率和劳动争议处理率衡量劳动保护程度，根据地区劳动保护程度将样本分为两组，发现社会保险缴费与风险承担的负相关关系仅存在于劳动保护程度高的组中。这表明，劳动者议价能力的提升可能有助于劳动者在公司决策中更加充分地发挥利益相关者的作用。

为了排除企业风险承担发生改变仅仅是由于金融投资与生产经营性投资的比例改变，本章区分了经营性资产收益率的波动率和金融资产收益率的波动率。结果显示，社会保险缴费率与经营性资产收益率的波动率之间保持显著的负相关关系，社会保险缴费率与金融资产收益率的波动率不存在显著相关关系，社会保险缴费率导致的企业风险承担的改变，主要来源于经营性资产投资风险的改变，而非金融投资风险的改变。最后，本章还使用总资产回报率（ROA）的波动率作为因变量进行稳健性检验。

本章的结构安排如下：6.2 节对社会保险缴费影响企业风险承担的文献进行系统性梳理；6.3 节介绍本章使用的实证模型、数据来源和变量含义；6.4 节对实证结果进行展示，进行异质性分析和稳健性分析；6.5 节为总结和讨论。

6.2　社会保险缴费与企业风险承担的文献分析

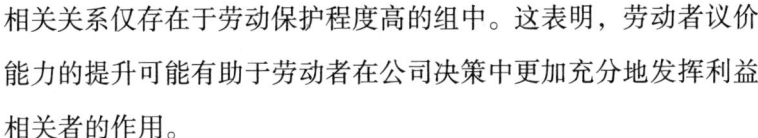

社会保险制度具备税收和劳动保护的双重属性，税收和劳动保护都将对企业风险承担产生影响。税收可能通过降低企业的税后风险投资收益，减少企业承担风险的意愿（Ljungqvist et al.，

2017），工会或劳动保护政策也会降低企业的风险承担（John et al.，2008）。帕卡德和蒙特内格罗（Packard and Montenegro，2017）提到，社会保险缴费对企业投资风险两方面的影响，一方面劳动力成本限制了高风险新技术投资，另一方面良好的工作保障吸引高技能工人并促进高风险新技术投资。

作为企业最沉重的税费负担之一，社会保险缴费可能会对企业的风险承担行为产生影响。自多马和马斯格雷夫（Domar and Musgrave，1944）针对金融投资风险开发了税收与风险承担的模型以来，有一系列文献对这一主题展开了研究（Feldstein，1969；Stiglitz，1969；Green and Talmor，1985；Gentry and Hubbard，2005；Cullen and Gordon，2007；Ljungqvist et al.，2017），主要集中在所得税的影响上。在多马和马斯格雷夫（Domar and Musgrave，1944）的模型中，当政府对风险资产的收益征税并允许对损失全额抵税时，税收会增加风险承担，因为政府会承担成功或失败的某些风险，因此个人将希望增加其风险承担水平，税收实际上会增加冒险精神。然而，当税收采取累进税率，项目成功时将以相对较高的税率征税，项目失败时将以较低的税率征税，这会导致投资者降低风险承担（Gentry and Hubbard，2005）。进一步地，学者们指出，由于税收不允许对全部的损失进行抵免，这将导致投资高风险项目的预期收益相比于投资低风险项目的预期收益更低，从而减少企业承担风险的意愿（Langenmayr and Lester，2018）。

　　实证研究对税收如何影响企业风险承担尚无明确结论。卡伦和戈登（Cullen and Gordon，2007）预测，降低个人所得税率将减少企业冒险，因为减税将导致损失抵免的税款减少，降低了政府的风险分担，降低公司所得税率对企业冒险的影响不确定。永奎斯特等（Ljungqvist et al.，2017）利用美国各州113次企业所得税税率的变化进行研究，发现税收对风险承担具有不对称的影响：增加税收将降低企业风险承担，减少税收不会产生影响。社会保险缴费更多的是让政府分享利润而不是共同承担损失，因此更可能减少企业承担风险的意愿。

　　探讨劳动保护如何影响企业风险承担行为的文献并未得出一致结论。结合劳动经济学理论研究劳动力因素如何影响企业行为的"劳动经济学与公司金融"领域是近年来学术界关注的热点（赵健宇和陆正飞，2018；Acharya et al.，2014；Serfling，2016）。从劳动者作为重要的利益相关者对公司投资决策施加影响的角度来说，有研究指出，劳动者更倾向于低风险的投资项目。工会对公司的投资和融资决策具有重要影响，在有强大工会的情况下，管理者的经营灵活性有限，研发投入更少，承担的风险项目也更少（Chen et al.，2011）。约翰等（John et al.，2008）指出，银行、政府和工会等非股权利益相关者通常倾向于保守的投资，并且可能会出于自身利益而影响投资政策。利用美国公司数据进行研究，约翰等（John et al.，2008）发现，行业级别的工会指标与公司冒险之间存在显著的负相关关系。法莱耶等（Faleye et al.，2006）发现，员工持股并参与公司治理会迫使公司进行风险较小的投资，并采取其他增加工作保障和薪资的方式来提高劳工的利益，因为在大多数情况下对劳动者来说，未来工资和福利的现值比劳动者获得的股权权益的现值要大得多，因此劳动者一般只注重维持足以防止工资或福利削减的当前和未来现金流。官和汤（Guan and Tang，2018）利用2003~2012年美国企业固定收益计划（defined benefit，DB）养老金数据进行研究，检查企业在投资DB资产时是否考虑了普通员工的风险态度，发现公司将员工的风险态度纳入公司政策中，具有更多风险规避员工的公司在养老金投资中更倾向于投资低风险资产。

从劳动保护政策影响企业投资决策的风险的角度来说，劳动保护政策对企业风险承担行为具有双重影响。一方面，学者们强调劳动力灵活性对于企业成长和企业采取灵活战略的重要性，劳动力灵活性低会使企业偏向于系统性地减轻企业下行风险而非利用上行潜力（Bartelsman et al.，2016）。巴特尔斯曼等（Bartelsman et al.，2016）发现，在具有严格劳动保护法规的国家中，高风险行业的规模相对较小并且生产率相对较低；通过构建一个企业内生地在安全技术和风险技术之间进行选择的两部门模型，发现劳动保护增加了裁员成本，因此促使公司不太可能采用高风险和高回报的技术，而更可能采用低风险和简单的技术。另一方面，学者们强调，劳动保护可以增加创新投资的回报，在这种情况下，严格的劳动保护法规会使企业倾向于改进现有产品，培训和创新的意愿得到增强（Acharya et al., 2014；Griffith and Macartney, 2014；Bastgen and Holzner, 2017），因此，劳动保护增强将促使企业更愿意投资于风险项目。

此外，近年来部分学者开始关注，社会保险福利尤其是失业保险福利的变化，如何通过影响员工的失业风险损失，改变企业风险承担行为。埃卢尔等（Ellul et al., 2016）的研究显示，美国失业保险金福利的增加将提高工人抵抗风险的能力，董事会将赋予管理者更多冒险动机。王和郑（Wang and Zheng, 2018）指出，失业保险金可以降低与劳动力搜索和离职成本有关的风险，从而降低企业现金流量的波动性。

6.3 数据及模型

6.3.1 数据来源及变量说明

本章采用国泰安数据库（CSMAR）提供的 2007~2017 年 A 股非金融业上市公司的数据。与第 4 章相同，用企业社会保险费占应付职工薪酬总额的比例衡量企业社会保险缴费率，具体而言，用"应付职工薪酬—社会保险"本期增加额除以"应付职工薪酬—合计"本期增加额来衡量。参考永奎斯特等（Ljungqvist et al., 2017）的做法，采用企业资产收益率（ROIC）的波动率来衡量企业风险承担。将企业视为不同风险项目的组合，虽然不能观察到企业项目级别上的选择，但可以观察到项目产生的现金流，因此可以用企业现金流的波动率衡量企业风险承担。值得注意的是，此处计算的是利息和税收之前的 ROIC，因此捕获的是业务风险，而不是融资风险。为了进一步区分金融投资和非金融投资，在稳健性检验中，本章还分别构建了经营性资产收益率的波动率（sdop）和金融资产收益率的波动率（sdfin）。

此外，本章控制了一系列宏观经济变量，宏观层面的数据来自国家统计局和人民银行。表 6 – 1 汇报了本章所使用的变量的定义，表 6 – 2 汇报了主要变量的描述性统计。

表 6 – 1　　　　　　　　　变量定义

变量	变量名称	变量定义
sdroic	投入资本回报率的波动率	季度投入资本回报率的标准差
sdroa	总资产回报率的波动率	季度总资产回报率的标准差
sdop	经营性资产收益率的波动率	季度经营性资产收益率的标准差
sdfin	金融资产收益率的波动率	季度金融资产收益率的标准差
socialrate	企业社会保险缴费率	社会保险缴费/应付职工薪酬合计
size	企业规模	ln 期初资产
cash	企业现金流	经营活动产生的现金流量净额/期初资产
lev	企业杠杆率	总负债/总资产
avewage	平均工资	应付职工薪酬总额/职工人数
aveass	人均资产	（资产/员工人数）÷100 000 000
cashemp	支付给职工的现金	ln（支付给职工及为职工支付的现金/营业收入）

续表

变量	变量名称	变量定义
cash2	企业持有货币资金	货币资金/期初资产
opreturn	经营收益率	营业收入/营业成本
uniondensity	省级工会参与率	工会会员人数/就业人数
gdp	省级 GDP 增长率	地区生产总值增长率（%）
m2	M2 增长率	年度 M2 供应量增长率

表 6 - 2 　　　　　　　　主要变量的描述性统计

变量	样本量	均值	标准差
sdroic	26 999	0. 229 3	0. 171 4
sdroa	18 878	0. 023 4	0. 021 1
sdop	26 105	0. 024 8	0. 024 4
sdfin	23 013	0. 266 6	1. 075 4
socialrate	24 716	0. 122 8	0. 049 8
size	24 971	21. 774 4	1. 340 3
cash	24 937	0. 050 7	0. 098 2
lev	24 971	0. 522 8	0. 276 1
avewage	24 764	122 604	425 846
aveass	24 753	0. 029 7	0. 054 8
cashemp	24 761	- 2. 377 7	0. 745 5
opreturn	24 762	1. 531 4	0. 661 1
cash2	24 971	0. 268 3	0. 299 5
uniondensity	24 955	0. 399 6	0. 125 7
gdp	21 294	10. 469 3	4. 430 6
m2	41 799	0. 149 4	0. 052 4

图 6 - 1 展示了企业社会保险缴费率与投入资本回报率的波动率的关系。由图 6 - 1 可以看出，随着社会保险缴费率的增加，企业投入资本回报率的波动率将降低，这为社会保险缴费减少企业风险承担提供了经验证据。进一步地，本章分别从经营性资产收益率波动和金融资产收益率波动的角度，解构企业风险承担。图 6 - 2 显示，社会保险缴费率与经营性资产收益率的波动率呈现负相关关系。图 6 - 3 显示，社会保险缴费率与金融资产收益率的波动率的关系不明显。这表明，社会保险缴费降低企业风险承担，更多通过降低经营性资产投资项目的风险，而非降低金融资产投资项目的风险。

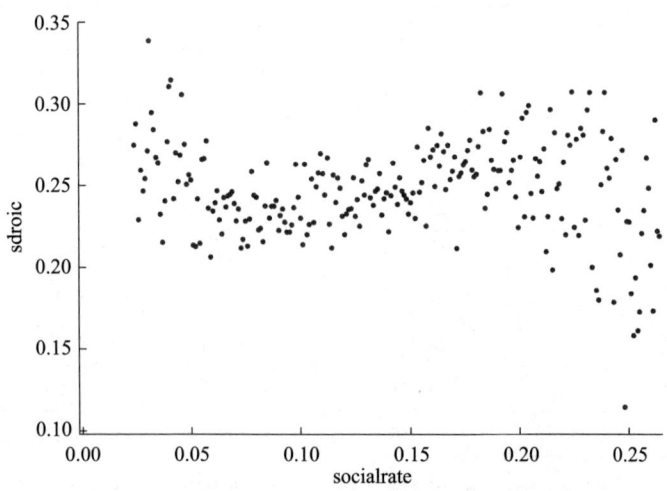

图 6 - 1　社会保险缴费率与投入资本回报率的波动率

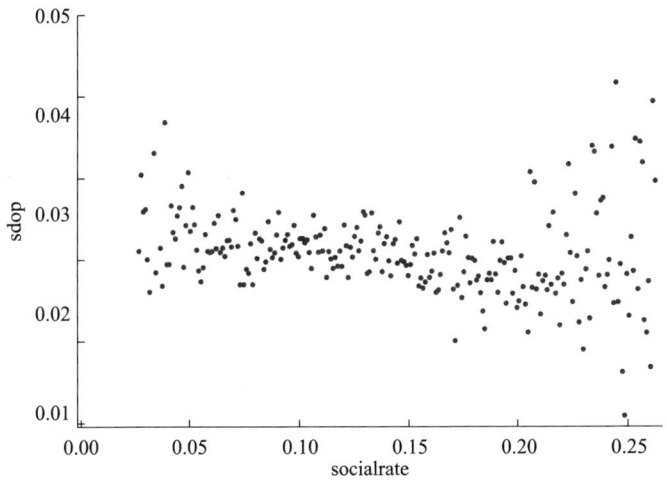

图 6 - 2　社会保险缴费率与经营性资产收益率的波动率

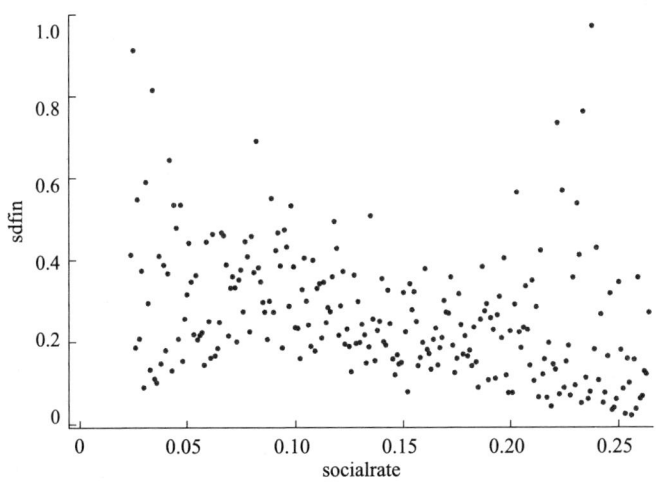

图 6 - 3　社会保险缴费率与金融资产收益率的波动率

6.3.2 实证模型

为了考察社会保险缴费与企业风险承担的关系，本章使用以下固定效应（FE）模型：

$$Risk_{it} = \beta_0 + \beta_1 Socialrate_{it} + \beta_2 Controls_{it} + \alpha_t$$
$$+ \mu_i + \varepsilon_{it} \qquad\qquad (6-1)$$

具体地，$Risk_{it}$ 是企业风险承担，用投入资本回报率的波动率衡量；$Socialrate_{it}$ 是企业社会保险缴费和应付职工薪酬之比率。$Controls_{it}$ 是一系列控制变量。为尽可能控制随时间变化的企业特质，本章控制了一系列随时间变化的企业层面和宏观层面的控制变量。参考约翰等（John et al.，2008）、法乔等（Faccio et al.，2011）、余明桂等（2013）、郭瑾等（2017）的研究，在企业层面，控制了企业规模（size）、企业现金流（cash）、企业杠杆率（lev），在宏观层面控制了省级 GDP 增长率、M2 供应量增长率。α_t 是年份固定效应，μ_i 是企业固定效应，ε_{it} 是标准误。此外，还控制了行业固定效应和省份固定效应。不随时间变化的企业层面和行业层面的遗漏变量分别被企业固定效应和行业固定效应吸收，剩下的识别威胁是遗漏了随时间变化的与企业社会保险缴费率变化相关的变量。年份固定效应可以捕获发生在所有企业层面的时间震荡，部分削弱了随时间变化的遗漏变量带来内生性问题的顾虑。

6.4　实证分析结果

6.4.1　基本回归结果

表 6 – 3 汇报了社会保险缴费率对企业投入资本回报率的波动率的影响①。表 6 – 3 第（1）列展示了仅控制企业固定效应和年份固定效应，社会保险缴费率和企业投入资本回报率的波动率呈正相关关系。在第（1）列的基础上，第（2）列继续控制了企业规模、企业杠杆率、企业现金流、省 GDP 增长率和 M2 增长率，第（3）列增加了行业固定效应，第（4）列进一步考虑了省份固定效应。结果显示，社会保险缴费率和企业投入资本回报率之间保持显著的负相关关系。这表明，社会保险缴费将降低企业的风险承担。根据第（4）列的估计结果，企业的社会保险缴费率每提高 1 个百分点，投入资本回报率的波动率将降低 0.089 个百分点。

表 6 – 3　社会保险缴费率与资产收益率的波动率

变量	（1）	（2）	（3）	（4）
socialrate	– 0.071 1 *	– 0.070 3 *	– 0.091 5 **	– 0.089 0 **
	(0.040 3)	(0.040 9)	(0.038 1)	(0.037 7)

———————

①　变量相关性分析见附录附表 3。

续表

变量	（1）	（2）	（3）	（4）
size		−0.002 7	−0.000 7	−0.000 2
		（0.004 2）	（0.003 8）	（0.003 7）
lev		−0.064 9 ***	−0.065 5 ***	−0.064 9 ***
		（0.006 2）	（0.006 1）	（0.006 0）
cash		0.084 8 ***	0.085 8 ***	0.085 8 ***
		（0.011 0）	（0.011 1）	（0.011 1）
gdp		0.000 5 ***	0.000 4 ***	0.000 4 ***
		（0.000 1）	（0.000 1）	（0.000 1）
m2		0.977 0 ***	1.023 9 ***	1.033 6 ***
		（0.120 3）	（0.117 0）	（0.115 3）
Constant	0.284 6 ***	0.202 1 *	0.101 3	0.094 5
	（0.005 8）	（0.104 3）	（0.105 1）	（0.111 0）
Firm FE	√	√	√	√
Year FE	√	√	√	√
Industry FE			√	√
Province FE				√
Observations	23 318	19 833	19 832	19 832
R-squared	0.051 2	0.084 1	0.108 2	0.117 3

注：括号中为异方差稳健标准误，＊＊＊、＊＊、＊分别表示在1%、5%、10%的水平上显著。

6.4.2 异质性分析

将社会保险缴费视作企业的税收时，一方面，社会保险缴费将增加企业的劳动力成本，降低企业经营收益率，从而降低企业投资风险项目的积极性；另一方面，社会保险缴费将减少企业现金流，抑制企业进行风险项目投资。因此，本节分别从劳动力成本和企业现金流的角度,进行异质性分析。

　　首先,按劳动密集度的中位数将样本分为两组,对模型(6-1)进行回归,结果列示在表6-4的第(1)列和第(2)列。结果显示,对于劳动密集度高的企业,社会保险缴费率每增加1个百分点,投入资本回报率的波动率将降低0.1402个百分点;对劳动密集度低的企业而言,社会保险缴费率的增加不会对投入资本回报率的波动率产生显著影响。这说明,社会保险缴费率降低企业的风险承担主要发生在劳动密集度高的企业。劳动密集度高的企业,受社会保险缴费的影响更大,劳动力成本增加更多,企业经营收益降低更为严重。按照资产劳动比的中位数进行分组,重新对模型(6-1)进行回归,表6-4第(3)列和第(4)列的结果显示,社会保险缴费率降低企业投入资本回报率的波动率只发生在资产劳动比低的企业。这说明,我们根据劳动密集度进行分组回归的结果是稳健的。

表6-4　　　　　按劳动密集度分组:社会保险缴费率与
投入资本回报率的波动率

变量	(1) 劳动密集度高	(2) 劳动密集度低	(3) 资产劳动比低	(4) 资产劳动比高
socialrate	-0.140 2*** (0.037 8)	0.000 4 (0.056 6)	-0.175 2*** (0.055 1)	-0.024 2 (0.045 2)
Controls	√	√	√	√
Firm FE	√	√	√	√
Year FE	√	√	√	√
Industry FE	√	√	√	√

续表

变量	(1) 劳动密集度高	(2) 劳动密集度低	(3) 资产劳动比低	(4) 资产劳动比高
Province FE	√	√	√	√
Observations	9 873	9 959	9 652	10 180
R-squared	0. 161 4	0. 152 4	0. 139 8	0. 145 1

注：括号中为异方差稳健标准误，＊＊＊表示在1%的水平上显著。

其次，本章分别根据企业现金流和企业杠杆率的中位数将样本分为两组，对模型（6-1）进行回归，结果汇报在表6-5中。根据表6-5中第（1）列和第（2）列的结果，无论企业杠杆率高低，社会保险缴费率都会显著降低企业的投入资本回报率的波动率，降低企业风险承担，但在程度上存在一定的差异。对杠杆率高的企业而言，投入资本回报率的波动率受到的影响远大于杠杆率低的企业。根据表6-5中第（3）列和第（4）列的结果，社会保险缴费对企业投入资本回报率的波动率产生影响只发生在现金流低的企业，现金流高的企业中社会保险缴费对投入资本回报率的波动率的影响不显著。

表6-5 按杠杆率和现金流分组：社会保险缴费率与投入资本回报率的波动率

变量	(1) 杠杆率高	(2) 杠杆率低	(3) 现金流高	(4) 现金流低
socialrate	- 0. 198 3 ＊＊＊ (0. 055 4)	- 0. 098 2 ＊＊ (0. 046 5)	- 0. 062 9 (0. 051 4)	- 0. 111 1 ＊＊ (0. 048 0)
Controls	√	√	√	√

续表

变量	（1） 杠杆率高	（2） 杠杆率低	（3） 现金流高	（4） 现金流低
Firm FE	√	√	√	√
Year FE	√	√	√	√
Industry FE	√	√	√	√
Province FE	√	√	√	√
Observations	9 881	9 951	9 760	10 072
R-squared	0.152 7	0.118 4	0.163 0	0.124 3

注：括号中为异方差稳健标准误，***、**分别表示在1%、5%的水平上显著。

最后，本章根据地区劳动保护程度将样本分为两组，对模型（6-1）进行回归，结果汇报在表6-6。采用工会参与率和劳动争议处理率衡量劳动保护程度。表6-6第（1）列和第（2）列的实证结果显示，在高工会参与率组，社会保险缴费率的系数是-0.1665，在1%水平上显著；在低工会参与率组，社会保险缴费率的系数是-0.0409，并且不具备统计显著性。

表6-6　　　　　按工会参与率和劳动争议处理率分组：
社会保险缴费率与投入资本回报率的波动率

变量	（1） 工会参与率低	（2） 工会参与率高	（3） 劳动争议 处理率低	（4） 劳动争议 处理率高
socialrate	-0.040 9 (0.072 1)	-0.166 5*** (0.063 3)	-0.081 2 (0.049 9)	-0.107 7** (0.051 5)
Controls	√	√	√	√
Firm FE	√	√	√	√

续表

变量	(1) 工会参与率低	(2) 工会参与率高	(3) 劳动争议 处理率低	(4) 劳动争议 处理率高
Year FE	√	√	√	√
Industry FE	√	√	√	√
Province FE	√	√	√	√
Observations	5 429	4 148	10 634	9 198
R-squared	0. 134 7	0. 188 0	0. 147 4	0. 120 8

注: 括号中为异方差稳健标准误, ***、**分别表示在1%、5%的水平上显著。

同样地, 根据表6-6第 (3) 列和第 (4) 列的结果, 社会保险缴费与投入资本回报率的波动率的负相关关系仅存在于劳动争议处理率高的组中。这表明, 社会保险缴费与企业风险承担的负向关系仅在劳动保护程度高的组中显著。换言之, 仅在劳动保护程度高的企业中, 提高社会保险缴费会降低企业的风险承担。劳动保护程度高, 一方面, 意味着社会保险缴费政策更加严格, 企业将承担更多的社会保险缴费负担, 因此风险承担行为受到不利影响; 另一方面, 劳动者的议价能力和话语权更强大, 能在公司决策中更加充分地发挥利益相关者的作用。相比于高风险投资, 劳动者更偏向于能够带来平稳收益、保证其稳定就业的低风险投资 (Faleye et al. , 2006; John et al. , 2008)。囿于不能获得更精细的数据, 本章无法对社会保险缴费政策严格和利益相关者话语权增加这两个渠道进行区分。关于此问题仍有待更深入的研究。

6.4.3　稳健性检验

　　金融投资和生产经营性投资在投资风险方面可能存在明显区别，社会保险缴费对企业风险承担产生影响，可能只是企业改变了生产经营性投资和金融投资的比例。为了排除企业风险承担发生改变仅仅是由于金融投资与生产经营性投资的比例改变，本章区分了经营性资产收益率的波动率和金融资产收益率的波动率。具体而言，将企业的金融资产收益与经营性收益进行区分，将金融资产与经营性资产进行区分，分别计算经营性资产收益率和金融资产收益率，并计算二者的波动率。

　　表6-7汇报了社会保险缴费率与经营性资产收益率的波动率的关系。表6-7的第（1）列仅控制企业固定效应和年份固定效应，从第（2）列到第（4）列逐步加入企业层面和宏观层面控制变量、行业固定效应、省份固定效应。结果显示社会保险缴费率与经营性资产收益率之间保持显著的负相关关系，并且系数大小保持稳定。这表明社会保险缴费将显著降低企业生产经营项目的投资风险。换言之，提高社会保险缴费率，企业会选择投资风险更低的生产经营性项目。

表6-7　　　　社会保险缴费率与经营性资产收益率的波动率

变量	（1）	（2）	（3）	（4）
socialrate	-0.022 5 **	-0.027 2 ***	-0.028 0 ***	-0.029 3 ***
	(0.008 9)	(0.009 6)	(0.009 6)	(0.009 5)
Controls		√	√	√

续表

变量	(1)	(2)	(3)	(4)
Firm FE	√	√	√	√
Year FE	√	√	√	√
Industry FE			√	√
Province FE				√
Observations	23 017	19 965	19 964	19 964
R-squared	0.010 4	0.034 1	0.041 8	0.044 8

注：括号中为异方差稳健标准误，＊＊＊、＊＊分别表示在1%、5%的水平上显著。

表6-8汇报了社会保险缴费率与金融资产收益率的波动率的关系。与表6-7类似，表6-8中从第（1）列至第（4）列依次添加控制变量。结果显示，社会保险缴费率与金融资产收益率的波动率不存在显著相关关系，社会保险缴费不会对企业金融资产收益率的波动率产生影响。综合表6-7和表6-8的结果，社会保险缴费率导致的企业风险承担的改变，主要来源于经营性资产投资的风险改变，而非金融投资的风险改变。这在一定程度上驳斥了企业投资风险发生改变仅仅是由于金融投资与生产经营性投资的比例改变的解释，说明企业会改变生产经营性投资的风险。

表6-8　　　　社会保险缴费率与金融资产收益率的波动率

变量	(1)	(2)	(3)	(4)
socialrate	−0.143 1 (0.347 6)	−0.161 2 (0.357 7)	−0.199 8 (0.359 2)	−0.235 2 (0.357 0)
Controls		√	√	√
Firm FE	√	√	√	√

续表

变量	(1)	(2)	(3)	(4)
Year FE	√	√	√	√
Industry FE			√	√
Province FE				√
Observations	19 944	16 933	16 932	16 932
R-squared	0. 002 4	0. 003 2	0. 011 5	0. 015 5

注：括号中为异方差稳健标准误。

　　针对资产回报率，已有研究有多种度量方法。为了验证本章的结论不受资产回报率度量方法的影响，本章还使用总资产回报率（ROA）的波动率作为因变量进行稳健性检验。表 6 - 9 汇报了社会保险缴费率与总资产回报率的关系，结果显示，社会保险缴费率与总资产回报率的波动率保持稳定的负相关关系。

表 6 - 9　　　　社会保险缴费率与总资产回报率的波动率

变量	(1)	(2)	(3)	(4)
socialrate	- 0. 029 0 ***	- 0. 032 3 ***	- 0. 033 5 ***	- 0. 035 2 ***
	(0. 008 3)	(0. 008 4)	(0. 008 3)	(0. 008 3)
Controls		√	√	√
Firm FE	√	√	√	√
Year FE	√	√	√	√
Industry FE			√	√
Province FE				√
Observations	18 624	18 255	18 254	18 254
R-squared	0. 084 0	0. 104 6	0. 114 0	0. 117 9

注：括号中为异方差稳健标准误，＊＊＊表示在 1％ 的水平上显著。

6.5　本章小结与讨论

　　企业利用风险投资获取利润创造价值，风险承担和企业家精神被视为经济增长的引擎，风险承担对企业和经济增长具有重要意义。随着中国经济发展模式的转型，未来经济更多需要创新来驱动，促进企业进行适度的风险承担和激发企业家精神是一项重要的工作。但是，企业风险承担行为会受到内外部因素的制约，尤其是过重的税费负担降低了风险投资收益，抑制企业承担风险的积极性。此外，大量文献就劳动就业保护和社会保险福利支出如何影响企业风险承担展开了研究。与其他国家相比，中国社会保险缴费率处于较高水平，是企业最沉重的税费负担之一。因此，本章在中国的情境下考察了社会保险缴费对企业风险承担行为的影响。

　　本章利用 2007～2017 年 A 股非金融业上市公司的数据，用企业资产收益率（ROIC）的波动率衡量企业风险承担，发现社会保险缴费率和企业投入资本回报率的波动率呈负相关关系，社会保险缴费降低企业的风险承担。进一步地，本章区分了经营性资产收益率的波动率和金融资产收益率的波动率，发现社会保险缴费率仅与经营性资产收益率的波动率之间呈显著的负相关关系，与金融资产收益率的波动率不存在显著相关关系，社会保险缴费导致的企业风险承担的改变，主要来源于经营性资产投资的风险改变，而非金融投资的风险改变。对社会保险缴费影响企业风险承担的机制进行探索，发现社会保险缴费率降低企业的风险承担主要发生在劳动密集度高、杠杆率高、现金流低、劳动保护程度高的企业。社会保险缴费通过增加企业劳动力成本、降低企业现金流的方式限制企业承担风险，企业中劳动者议价能力的提高也使得企业投资更加谨慎。

本章的研究只是针对社会保险缴费与企业风险承担行为关系的初步探索，仍然存在一些不足之处。随着关于企业内部项目投资更加丰富信息的披露，对企业风险承担行为的机制分析将更加深入。同样，由于缺乏更加详细的数据，在关于劳动保护机制的分析中，本章难以区分社会保险缴费政策严格和利益相关者话语权增加这两个渠道。

7

第 7 章
全书总结、政策启示
与研究展望

本书的前面几个章节对中国社会保险缴费制度背景和企业社会保险缴费与投资行为的典型化事实展开了描述性分析，研究了社会保险缴费对企业金融投资、人力资本投资和风险承担的影响。本章将对全书的研究进行总结，提出相关政策建议并进行研究展望。

7.1 全书总结

针对我国企业社会保险缴费负担沉重的现状和经济增速放缓时期对高效投资的需求，本书从社会保险缴费作为"税收"和社会保险提供福利两个角度出发，探讨社会保险缴费对企业投资行为的影响。从理论上来看，本书的研究可以追溯到经济学长期以来对促进或阻碍经济增长的政策的关注，制度如何影响经济增长是经济学的核心议题之一。本书从社会保险缴费的角度出发，对这一涉及税收与劳动力市场两个领域的制度如何影响企业投资行为展开研究。作为一项税费，社会保险缴费对企业的影响具有与税收类似的效应，将抬高企业劳动力成本，降低企业现金流，影响企业投资收益和投资能力。社会保险同时也是一项劳动力市场制度，由于社会保险的"缴费—福利"联系，社会保险能够激励员工工作积极性，提高劳动生产率，这一"缴费—福利"联系也会塑造企业投资行为。本书将社会保险缴费的税费性质和社会保险的福利性质统一纳入分析，探索社会保险缴费对企业多维度投资行为的影响。本书结合我国存在广泛非正式就业以及大量低技能员工社会保险缴费意愿不强的背景，注重对非竞争性劳动力市场中社会保险缴费的影响进行探讨。通过全面、系统的研究，本书得出的主要结论如下。

第一，社会保险缴费会增强企业从实体业务转向虚拟业务的意愿，促进企业的金融投资。近年来涌现出的"金融化"文献指出，劳动力成本上升导致实体经营收益率下降，是企业增加金融投资并实现企业金融化的重要原因。本书发现，提高社会保险缴费率，企业参与更多的金融投资，准自然实验和替换指标等稳健性检验的结果也显示本书的结论具有高度可信性。机制分析显示，一方面，金融投资与生产活动和生产工人脱钩，能相对独立地产生利润，社会保险缴费加剧了金融投资与实体投资的收益率差距，增加了金融投资对企业的吸引力；另一方面，固定资产需要大额资金投入，社会保险缴费显著减少了企业当期现金流，现金流约束会抑制企业对固定资产的投入，迫使企业增加资金需求更为灵活的金融投资。这表明，社会保险缴费通过加剧金融投资与实体投资的收益率差距，减少企业现金流，已经给实体经营造成沉重负担，加重了企业对金融投资的依赖。此外，本书还发现，企业主要是通过增加持有交易类金融资产和投资性房地产来提高金融化程度。

第二，社会保险缴费会影响企业的人力资本投资，一方面企业人力资本投资增加，另一方面低技能工人的就业率下降，这加剧了劳动力市场上的正规—非正规鸿沟。异质性分析显示，社会保险缴费增加人力资本投资的效应更多地体现在员工教育程度高和员工技能水平高的企业。虽然社会保险缴费抬高企业的劳动力成本，降低企业现金流，降低企业进行人力资本投资的能力，但是由于社会保险提供的福利对高技能员工生产率的促进作用十分重要，促进了企业和员工形成长期就业关系，鼓励企业进行人力资本投资。这一结论与非竞争性劳动力市场模型中社会保险缴费使企业进行人力资本投资以分享更多的"盈余"，从而促进人力资本投资相吻合。同时，鉴于我国存在广泛的临时工或低技能劳动者，进一步对社会保险缴费的就业结构效应进行分析，发现社会保险缴费率提高后，企业减少雇用低学历、无职称、无职业资格的工人，增加雇用高学历、有职称、有职业资格的工人。这一实证结果证实，社会保险缴费增加后，企业将更多地采取提升

"人力资本"的策略，一方面雇用更多高技能人才，增加人力资本投资，另一方面解雇低技能工人。

第三，社会保险缴费率增加时，企业更加不愿为了获取高收益和有前景的市场发展机会而承担风险，企业的风险承担将降低。引入公司金融学中经常探讨的并且近年来逐渐被经济学重视的风险承担概念，本书探究了社会保险缴费对企业风险承担的影响。社会保险制度具备税收和劳动保护的双重属性，税收和劳动保护都将对企业风险承担产生影响。税收可能通过降低企业的税后风险投资收益，减少企业承担风险的意愿，劳动保护政策会提高劳动者作为重要的利益相关者对公司投资决策的影响，降低企业的投资风险。参考已有文献，用企业利息和税收之前的资产收益率（ROIC）的波动率来衡量企业风险承担，捕获企业业务风险，实证结果发现，社会保险缴费降低企业的风险承担。同时，本书区分了实业投资风险与金融投资风险，发现社会保险缴费导致的企业投资风险的改变，主要来源于经营性资产投资的风险变化，而不是金融投资的风险变化。对社会保险缴费影响企业风险承担的机制进行探索，发现社会保险缴费率降低企业的风险承担主要发生在劳动密集度高、杠杆率高、现金流低的企业。这验证了社会保险缴费通过增加企业劳动力成本、减少企业现金流、降低企业风险投资收益的方式，限制企业进行高风险投资的作用机制。此外，地区劳动保护程度的异质性分析显示，社会保险缴费对风险承担的负向影响仅存在于劳动保护程度高的地区，劳动保护程度的提高使社会保险缴费对企业风险承担的抑制能力更强。

7.2　政策启示

改革开放 40 余年以来，资本投资一直是驱动经济高速增长的核心动力。然而，随着我国经济步入高质量发展阶段，粗放的物质资本投入推动经济增长的能力下降，如何引导企业优化投资结构成为重要问题。同时，在全球化的背景下，中国和世界的经济联系日趋紧密，较高的社会保险缴费提高了企业劳动力成本，降低了企业国际竞争力，影响企业的投资规划和长期发展。本书立足我国当前优化投资结构的现实需求，结合社会保险缴费的税费性质和待遇的福利性质，系统性地研究社会保险缴费对企业多维度投资行为的影响及其作用机理。基于本书的研究结论，提出以下政策建议。

第一，设定合理的社会保险缴费率。目前我国的社会保险缴费率过高，虽然短期来看降低社会保险缴费率会减少基金总收入，不利于社会保险制度的收支平衡，但是长期来看，降低费率可以降低企业的负担，提高企业竞争力，有利于促进经济增长、增加社会保险基金总收入和促进社会保险制度长期可持续发展。首先，降低社会保险缴费率可以通过降低法定费率、降低社会保险缴费基数的上限、精简合并各类保险等方式来实现。社会保险缴费率高也是企业逃避缴费的主要原因之一，降低缴费率可以适当地减少逃费现象，自然地提高社会保险参与率。鉴于降费后企业仍然具有逃避缴费的动机，降低费率的同时应该加强社会保险缴费征管，采取"低费率、严征管、宽费基"的模式，鼓励企业和员工积极参保，形成企业发展和社会保险制度的良性循环。其次，降低社会保险缴费率还需加快完善企业年金和商业养老保险等多层次的社会保险，只有统筹安排好不同层次的社会保险，才能持久有效地降低社会保险缴费水平。完善多层次的社会保险还能满足高技能群体的需求，根据本书研究结论，企业愿意为了吸引和留住高技能员工提供社会保险，增加人力资本投资以提高企业的生产率。目前，一些国家运用行为经济学理论，采用"默认参与""承诺机制"等措施有效地激励了个人进行养老保险储蓄。"默认参与"是指在企业营业登记表或所得税申报表上增加选择参加的默认选项。"承诺机制"是指人们承诺需达到某一储蓄目标，否则他们将会承担一笔损失。最后，降低社会保险缴费率需解决好转轨成本的问题。我国社会保险缴费率较高的重要原因之一，是国家没有承担社会保险的制度转轨成本，而是试图通过高费率来逐渐消化。可以划转国有资本充实养老保险基金，偿还社保制度转轨的历史欠账。国有资产存量中包含由过去养老金积累形成的资产，划转国有资本偿还历史欠账有其合理性。

第二，建立稳定的社会保险收益预期。我国社会保险收益存在不确定性，不能很好地发挥社会保险制度的风险保障功能，也不利于企业投资结构的优化。根据本书研究，社会保险缴费增加时，企业会减少雇用低学历、无职称、无职业资格的工人。同时，我国社会保险没有充分发挥通过激励员工提高生产率或增强员工风险承受能力来提升企业投资高新技术风险投资的动力。首先，为了建立稳定的社会保险收益预期，需要加快实现全国统筹。企业和员工对社会保险缴费的收益预期不稳定的原因之一是社会保险缺乏全国统筹，社会保险权益跨统筹区转移困难，难以形成对员工未来权益的保障。推行全国统筹既要做好顶层设计，减少后续制度运行的再转轨成本，又要尊重各地区经济发展和社会保险的实际情况。鉴于我国不同省市地区差异较大，难以一步到位实现全国统筹，循序渐进地推动是优选方案。在普及省级统筹的基础上，健全养老保险转移接续体制，进一步完善养老保险权益累计、分段计算、量化折算、合并享受的政策。其次，健全社会保险的精算制度。我国社会保险缺乏精算制度，某些项目待遇的调整论证不充分，例如全国多次提高养老保险的待遇给付标准，甚至出现养老金高于工资的"倒挂"现象。人口老龄化提高了社会保险制度体系中"享受待遇者"与"贡献者"的比例，进一步增加了社会保险待遇的不确定性。社会保险制度的待遇调整是一项复杂的工作，需要对社会保险制度的全方位经济后果进行专业性、技术性的评估，只有健全社会保险制度的精算原则，才能建立稳定的社会保险收益预期，充分发挥社会保险的风险防范功能。此外，需要注重提高失业保险的目标人群覆盖率。失业保险对于减轻员工的失业风险负担、遏制劳动力市场僵化、促进企业投资高风险的高新技术项目具有重要作用。相比于基本养老保险，我国失业保险的覆盖率更小，并且制度瞄准率低下，参与失业保险的大部分是失业风险较低的大型企业或国有企业员工，失业风险高的群体所占比例较小。当前需要扩大失业保险的覆盖面和制度瞄准率，积极扩大广大农民工群体还有城镇灵活就业人员的参保率。

第三，健全多层次资本市场体系。社会保险缴费负担影响企业投资的重要渠道是降低企业现金流，面临融资约束的企业从事生产性投资的积极性减弱，人力资本投资动机也降低，金融投资成为企业的替代性选择。为缓解企业融资约束，需要大力推进构建多层次资本市场。我国资本市场直接融资规模占比偏低，企业仍然依赖银行信贷等间接融资。我国间接融资存在信贷歧视，一方面中小企业面临严格的信贷配给，另一方面大型国有企业和上市公司在金融市场上轻松筹集资金，转手以高利率借给中小企业。如何有效解决中小企业融资难融资贵的问题引起政府和学界的广泛关注。党的十九大报告就指出，要"深化金融体制改革，增强金融服务实体经济能力，提高直接融资比重，促进多层次资本市场健康发展"。完善多层次资本市场，要提高直接融资比重，大力发展股票市场和债券市场，拓宽企业的融资渠道，满足各类企业的直接融资需求。债务融资具有较强的顺周期性，在经济下行时增加了企业获得贷款的困难，因此直接融资占比较低不利于企业健康发展，还容易引发金融风险。同时，要推进银行改革，允许具备条件的民间资本依法设立中小型银行。为各类投资主体提供公平竞争的市场环境，有利于提高金融市场的竞争性。允许具备条件的民间资本设立中小型银行，将增加市场上的金融供给，有利于解决中小企业金融供给不足的问题，增加中小企业的信贷资金，减轻企业的融资约束。此外，加大对实体企业投资金融市场特别是房地产市场的监管，防止实体企业过度金融化。近年来，我国房地产价格一直以来没有发生过大幅下跌，投资性房地产能给企业带来确定性较高的收益，上市公司投资性房地产持有量激增。本书的研究表明，增加房地产投资是企业应对社会保险缴费增加的主要方式。加强对房地产市场的监管，促进房地产市场平稳健康发展，稳定房价，遏制投机性购房行为具有重要现实意义。

7.3　研究展望

立足于我国当前企业社会保险缴费负担沉重的现状和优化投资结构的现实需求，本书在描述和刻画我国社会保险缴费与企业投资现状的基础上，创新性地从企业投资行为的多个维度出发，系统性地研究社会保险缴费对企业投资行为的影响及其作用机理，丰富了社会保险缴费影响企业投资的经验证据，为我国现阶段完善社会保险缴费制度等相关政策提供了科学检验。本书在取得一定研究成果的同时，也存在一些缺憾和不足，这也是未来研究可以进一步深入的地方。

第一，对金融投资的研究有待完善。本书主要基于金融化视角，分析社会保险缴费对企业金融投资的影响。传统经济理论中，生产是理论分析的中心，金融的主要作用是为生产提供资本，持有金融资产也可以储备流动性以应对资金不足。近年来一些文献指出，对非金融企业而言金融投资已经不再只被企业用作应对财务困境的流动性储备，还成为企业获取利润的重要渠道。本书的结论与企业金融投资成为企业重要的利润渠道的观点更加吻合。然而，也有实证研究发现，企业金融投资同时具备为企业储备流动性和创造收益的功能，未来的研究可以通过构建模型更加深入地对这一问题进行探讨。此外，由于上市公司具有丰富的企业金融投资相关数据，本书使用了上市公司的数据进行研究，这导致本书的结论可能并不能外推至所有企业。

第二，对社保缴费影响企业人力资本投资机制的探索存在缺憾。意识到我国存在大量低技能、低学历工人和普遍的非正式就业现象以及企业对固定工和临时工的人力资本投资差异，本书尝试探索社会保险缴费对人力资本投资的影响在企业内部不同技能层次工人层面是否存在异质性。然而，由于工业企业数据库没有提供员工个体的培训支出数据，本书不能直接分析社会保险缴费对不同员工的人力资本投资的异质性影响，而是研究社会保险缴费对企业员工的技能结构的影响，对企业异质性分析进行补充。同时，工业企业数据库没有提供正式工与合同工的数据，本书也不能区分正式员工与非正式员工。随着行政数据等大数据的丰富，国外学者将员工数据与企业数据进行匹配，形成企业—雇员层面的数据，更加深入地研究企业行为。国内尚未披露类似的雇员—企业层面数据，随着更多关于企业与员工详细数据的披露，未来研究有望得到进一步完善。此外，由于工业企业数据库的样本是国有企业或者年销售收入大于 500 万元的大型企业，本书的结论并不一定能够完全适用于广泛的小微企业。对小微企业而言，市场规模更小，风险抵抗能力更差，社会保险缴费率提高时，企业的人力资本投资决策可能与大型企业不一致。小微企业的社会保险缴费如何影响企业人力资本投资也是未来的研究方向之一。

第三，对风险承担的刻画存在不足。参考已有文献，本书采用企业资产收益率的波动率来衡量企业风险承担，还进一步区分了金融投资风险和非金融投资风险。这一衡量依据是，将企业视为不同风险项目的组合，虽然不能观察到企业项目级别上的选择，但可以观察到项目产生的现金流，因此可以用企业现金流的波动率衡量企业风险承担。然而，详细投资项目的风险是更加直接的衡量方式，但是这一项目风险难以观察。有学者采用销售收入对研发支出的弹性来代理项目风险，由于成功的研发可以带来销售收入增加，而失败的研发不会改变销售收入，销售收入对研发支出的弹性增加则表示项目风险增加。随着关于企业内部项目投资更加丰富信息的披露，未来研究可以从搜集详细投资项目风险或销售收入对研发支出的弹性的角度出发，丰富对企业风险承担的刻画，从而更加深入地分析企业风险承担行为。

第四，忽略了企业分支机构的影响。本书忽略了企业可能具有坐落在不同地区的分支机构，而不同地区的社会保险缴费制度安排与当地的劳动力市场背景都可能有所不同。这种忽略将可能造成识别上的不准确。当前，国内外关于税收对企业行为领域的研究已将企业分支机构在不同地区适用不同税率纳入分析，运用空间计量的方法探索地区间的税收竞争效应。受到数据限制，本书无法锁定企业在各地区的分支机构，未来的研究可以进一步在这一方面进行拓展。

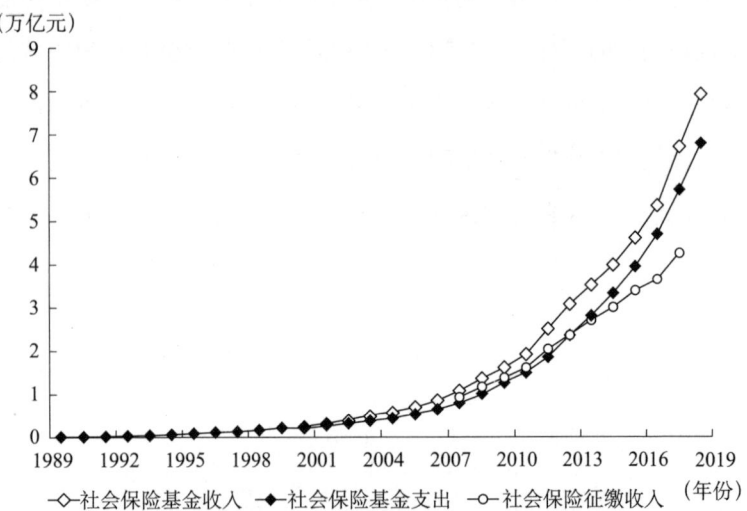

附图1　中国历年社会保险基金收入、社会保险基金支出与社会保险征缴收入

资料来源：社会保险基金收入、社会保险基金支出的数据来自国家统计局，社会保险征缴收入数据来自每年财政部关于全国社会保险基金决算的说明。

附表 1　　　　　社会保险缴费与企业金融投资相关性分析

变量	广义 fin1	狭义 fin1	广义 fin2	狭义 fin2	socialrate	size	lev	cash	gdp	m2
广义 fin1	1.000									
狭义 fin1	0.931***	1.000								
广义 fin2	0.813***	0.785***	1.000							
狭义 fin2	0.757***	0.828***	0.939***	1.000						
socialrate	0.141***	0.132***	0.138***	0.123***	1.000					
size	0.029	0.011*	0.039***	0.017***	0.167***	1.000				
lev	0.052***	0.049***	0.045***	0.043***	0.046***	0.363***	1.000			
cash	−0.153***	−0.154***	−0.164***	−0.158***	−0.017***	−0.032***	−0.152***	1.000		
gdp	−0.028***	−0.032***	−0.031***	−0.035***	0.007	−0.095***	0.050***	0.010	1.000	
m2	0.018***	0.014***	0.008	0.005	0.078***	−0.136***	0.085***	0.071***	0.301***	1.000

注：***，**，* 分别表示系数在 1%，5% 和 10% 的水平上显著。

附表 2　　社会保险缴费与企业人力资本投资相关性分析

变量	avetrain	socialrate	wage	lnasset	lever	inventory	unitprofit	soe	gdp
avetrain	1.000								
socialrate	0.074***	1.000							
wage	0.144***	0.054***	1.000						
lnasset	0.072***	0.198***	0.276***	1.000					
lever	-0.019***	0.062***	-0.032***	0.055***	1.000				
inventory	-0.015***	0.116***	-0.011***	0.202***	0.164***	1.000			
unitprofit	0.048***	-0.081***	0.086***	0.040***	-0.294***	-0.234***	1.000		
soe	0.035***	0.264***	0.081***	0.213***	0.085***	0.124***	-0.141***	1.000	
gdp	-0.007***	-0.019***	0.127***	0.004***	0.004***	-0.086***	0.031***	-0.194***	1.000

注：***、**、*分别表示系数在1%、5%和10%的水平上显著。

附表3 社会保险缴费与企业风险承担相关性分析

变量	sdroic	sdop	sdfin	socialrate	size	lev	cash	gdp	m2
sdroic	1.000								
sdop	0.088***	1.000							
sdfin	0.037***	0.037***	1.000						
socialrate	0.023***	-0.026***	-0.043***	1.000					
size	0.050***	-0.104***	-0.063***	0.167***	1.000				
lev	0.081***	-0.186***	-0.044***	0.046***	0.363***	1.000			
cash	0.092***	0.202***	0.002	-0.017***	-0.032***	-0.152***	1.000		
gdp	0.055***	0.009	0.000	0.007	-0.095***	0.050***	0.010	1.000	
m2	0.193***	0.107***	-0.013**	0.078***	-0.136***	0.085***	0.071***	0.301***	1.000

注：***、**、*分别表示系数在1%、5%和10%的水平上显著。

参考文献

［1］白重恩．中国经济何处破局：养老保险降费［J］．中国经济报告，2019（1）：81－86．

［2］程名望，贾晓佳，仇焕广．中国经济增长（1978—2015）：灵感还是汗水？［J］．经济研究，2019，54（7）：30－46．

［3］代昀昊，孔东民．高管海外经历是否能提升企业投资效率［J］．世界经济，2017，40（1）：168－192．

［4］封进．中国城镇职工社会保险制度的参与激励［J］．经济研究，2013，48（7）：104－117．

［5］付文林，赵永辉．税收激励、现金流与企业投资结构偏向［J］．经济研究，2014，49（5）：19－33．

［6］郭瑾，刘志远，彭涛．银行贷款对企业风险承担的影响：推动还是抑制？［J］．会计研究，2017（2）：42－48，96．

［7］郝颖，辛清泉，刘星．地区差异、企业投资与经济增长质量［J］．经济研究，2014，49（3）：101－114，189．

［8］何文炯．中国社会保障：从快速扩展到高质量发展［J］．中国人口科学，2019（1）：2－15，126．

［9］姜付秀，伊志宏，苏飞，黄磊．管理者背景特征与企业过度投资行为［J］．管理世界，2009（1）：130－139．

［10］焦豪，焦捷，刘瑞明．政府质量、公司治理结构与投

资决策——基于世界银行企业调查数据的经验研究［J］. 管理世界，2017（10）：66 - 78.

［11］李培功，肖珉. CEO 任期与企业资本投资［J］. 金融研究，2012（2）：127 - 141.

［12］李万福，林斌，宋璐. 内部控制在公司投资中的角色：效率促进还是抑制？［J］. 管理世界，2011（2）：81 - 99，188.

［13］李文贵，余明桂. 所有权性质、市场化进程与企业风险承担［J］. 中国工业经济，2012（12）：115 - 127.

［14］李珍，王向红. 减轻企业社会保险负担与提高企业竞争力［J］. 经济评论，1999（5）：56 - 60.

［15］刘贯春，张军，刘媛媛. 金融资产配置、宏观经济环境与企业杠杆率［J］. 世界经济，2018，41（1）：148 - 173.

［16］刘慧龙，吴联生，王亚平. 国有企业改制、董事会独立性与投资效率［J］. 金融研究，2012（9）：127 - 140.

［17］刘珺，盛宏清，马岩. 企业部门参与影子银行业务机制及社会福利损失模型分析［J］. 金融研究，2014（5）：96 - 109.

［18］刘啟仁，赵灿，黄建忠. 税收优惠、供给侧改革与企业投资［J］. 管理世界，2019，35（1）：78 - 96，114.

［19］刘鑫，薛有志. CEO 接班人遴选机制与 CEO 变更后公司风险承担研究——基于 CEO 接班人年龄的视角［J］. 管理评论，2016，28（5）：137 - 149.

［20］刘燕斌. 各国社会保险费率比较［J］. 中国社会保障，2009（3）：36 - 37.

［21］刘媛媛，刘斌. 劳动保护、成本粘性与企业应对［J］. 经济研究，2014，49（5）：63 - 76.

［22］吕文栋，刘巍，何威风. 管理者异质性与企业风险承

担 [J]. 中国软科学, 2015 (12): 120 – 133.

[23] 马双, 甘犁. 最低工资对企业在职培训的影响分析 [J]. 经济学 (季刊), 2014, 13 (1): 1 – 26.

[24] 马双, 孟宪芮, 甘犁. 养老保险企业缴费对员工工资、就业的影响分析 [J]. 经济学 (季刊), 2014, 13 (3): 969 – 1000.

[25] 倪骁然, 朱玉杰. 劳动保护、劳动密集度与企业创新——来自 2008 年《劳动合同法》实施的证据 [J]. 管理世界, 2016, 274 (7): 154 – 167.

[26] 彭浩然, 陈斌开. 鱼和熊掌能否兼得: 养老金危机的代际冲突研究 [J]. 世界经济, 2012, 35 (2): 84 – 97.

[27] 彭浩然, 岳经纶, 李晨烽. 中国地方政府养老保险征缴是否存在逐底竞争? [J]. 管理世界, 2018, 34 (2): 103 – 111.

[28] 彭俞超, 黄志刚. 经济"脱实向虚"的成因与治理: 理解十九大金融体制改革 [J]. 世界经济, 2018, 41 (9): 3 – 25.

[29] 彭俞超, 倪骁然, 沈吉. 企业"脱实向虚"与金融市场稳定——基于股价崩盘风险的视角 [J]. 经济研究, 2018, 53 (10): 50 – 66.

[30] 沈永建, 范从来, 陈冬华, 刘俊. 显性契约、职工维权与劳动力成本上升:《劳动合同法》的作用 [J]. 中国工业经济, 2017 (2): 117 – 135.

[31] 沈永建, 梁方志, 蒋德权, 王亮亮. 社会保险征缴机构转换改革、企业养老支出与企业价值 [J]. 中国工业经济, 2020 (2): 155 – 173, 1 – 3.

[32] 宋军, 陆旸. 非货币金融资产和经营收益率的 U 形关系——来自我国上市非金融公司的金融化证据 [J]. 金融研究,

2015（6）：111－127.

［33］唐珏，封进．社会保险缴费对企业资本劳动比的影响——以21世纪初省级养老保险征收机构变更为例［J］．经济研究，2019，54（11）：87－101.

［34］魏志华，夏太彪．社会保险缴费负担、财务压力与企业避税［J］．中国工业经济，2020，388（7）：136－154.

［35］谢富胜，匡晓璐．制造业企业扩大金融活动能够提升利润率吗？——以中国A股上市制造业企业为例［J］．管理世界，2020，36（12）：13－28.

［36］解维敏．"脱虚向实"与建设创新型国家：践行十九大报告精神［J］．世界经济，2018，41（8）：3－25.

［37］徐业坤，钱先航，李维安．政治不确定性、政治关联与民营企业投资——来自市委书记更替的证据［J］．管理世界，2013（5）：116－130.

［38］许红梅，李春涛．社保费征管与企业避税——来自《社会保险法》实施的准自然实验证据［J］．经济研究，2020，55（6）：122－137.

［39］许伟，陈斌开．税收激励和企业投资——基于2004～2009年增值税转型的自然实验［J］．管理世界，2016（5）：9－17.

［40］闫海洲，陈百助．产业上市公司的金融资产：市场效应与持有动机［J］．经济研究，2018，53（7）：152－166.

［41］杨翠迎，汪润泉，程煜．费率水平、费率结构：社会保险缴费的国际比较［J］．经济体制改革，2018（2）：152－158.

［42］杨燕绥，胡乃军，秦勤，于淼．老龄化背景下养老保险费率平衡机制研究［J］．国家行政学院学报，2015（3）：62－68.

［43］余明桂，李文贵，潘红波．民营化、产权保护与企业

风险承担 [J]. 经济研究, 2013, 48 (9): 112 – 124.

[44] 袁志刚, 李珍珍, 封进. 城市化进程中基本养老保险制度的保障水平研究 [J]. 南开经济研究, 2009 (4): 3 – 14.

[45] 张成思, 张步昙. 中国实业投资率下降之谜: 经济金融化视角 [J]. 经济研究, 2016, 51 (12): 32 – 46.

[46] 张成思, 郑宁. 中国非金融企业的金融投资行为影响机制研究 [J]. 世界经济, 2018, 41 (12): 3 – 24.

[47] 张成思. 金融化的逻辑与反思 [J]. 经济研究, 2019, 54 (11): 4 – 20.

[48] 张克中, 陈祎, 鲁元平. 中国经济高质量发展阶段增长动力研究——基于人口老龄化视角的分析 [J]. 天津社会科学, 2019, 227 (4): 102 – 110.

[49] 张敏, 童丽静, 许浩然. 社会网络与企业风险承担——基于我国上市公司的经验证据 [J]. 管理世界, 2015 (11): 161 – 175.

[50] 赵健宇, 陆正飞. 养老保险缴费比例会影响企业生产效率吗? [J]. 经济研究, 2018, 53 (10): 97 – 112.

[51] 赵静, 陈晓. 货币政策、制度环境与企业投资结构 [J]. 科研管理, 2016, 37 (9): 123 – 135.

[52] 赵静, 毛捷, 张磊. 社会保险缴费率、参保概率与缴费水平——对职工和企业逃避费行为的经验研究 [J]. 经济学 (季刊), 2016, 15 (1): 341 – 372.

[53] 郑秉文. 供给侧: 降费对社会保险结构性改革的意义 [J]. 中国人口科学, 2016 (3): 2 – 11, 126.

[54] 郑秉文. 中国社会保障 40 年: 经验总结与改革取向 [J]. 中国人口科学, 2018 (4): 2 – 17, 126.

[55] Aaker D A. Managing brand equity: Capitalizing on the value of a brand name [M]. Free Press, 1991.

[56] Aaronson D, French E. Product market evidence on the employment effects of the minimum wage [J]. Journal of Labor Economics, 2007, 25 (1): 167 – 200.

[57] Acemoglu D, Pischke J. Minimum wages and on-the-job training [J]. Research in Labor Economics, 2003, 22 (2003): 159 – 202.

[58] Acemoglu D, Pischke J. The structure of wages and investment in general training [J]. Journal of Political Economy, 1999, 107 (3): 539 – 572.

[59] Acemoglu D, Zilibotti F. Was prometheus unbound by chance? Risk, diversification, and growth [J]. Journal of Political Economy, 1997, 105 (4): 709 – 751.

[60] Acemoglu D. Training and innovation in an imperfect labour market [J]. The Review of Economic Studies, 1997, 64 (3): 445 – 464.

[61] Acharya V V, Baghai R P, Subramanian K V. Wrongful discharge laws and innovation [J]. The Review of Financial Studies, 2014, 27 (1): 301 – 346.

[62] Acs Z J. Foundations of high impact entrepreneurship [J]. Foundations and Trends in Entrepreneurship, 2008, 4 (6): 535 – 620.

[63] Aggarwal R K, Samwick A A. Empire-builders and shirkers: Investment, firm performance, and managerial incentives [J]. Journal of Corporate Finance, 2006, 12 (3): 489 – 515.

[64] Agrawal A K, Matsa D A. Labor unemployment risk and corporate financing decisions [J]. Journal of Financial Economics, 2013, 108 (2): 449 - 470.

[65] Akkemik K A, Özen Ş. Macroeconomic and institutional determinants of financialisation of non-financial firms: Case study of turkey [J]. Socio-Economic Review, 2014, 12 (1): 71 - 98.

[66] Albrecht J, Navarro L, Vroman S. The effects of labour market policies in an economy with an informal sector [J]. The Economic Journal, 2009, 119 (539): 1105 - 1129.

[67] Almeida H, Campello M, Weisbach M S. Corporate financial and investment policies when future financing is not frictionless [J]. Journal of Corporate Finance, 2011, 17 (3): 675 - 693.

[68] Almeida H, Campello M. Financial constraints, asset tangibility, and corporate investment [J]. The Review of Financial Studies, 2007, 20 (5): 1429 - 1460.

[69] Almeida R K, Aterido R. On-the-job training and rigidity of employment protection in the developing world: Evidence from differential enforcement [J]. Labour Economics, 2011, 18: S71 - S82.

[70] Anderson P M, Meyer B D. The effects of the unemployment insurance payroll tax on wages, employment, claims and denials [J]. Journal of Public Economics, 2000, 78 (1): 81 - 106.

[71] Antón A. The effect of payroll taxes on employment and wages under high labor informality [J]. IZA Journal of Labor & Development, 2014, 3: 1 - 23.

[72] Arrow K J, Debreu G. Existence of an equilibrium for a

competitive economy [J]. Econometrica, 1954: 265 – 290.

[73] Aspara J, Pajunen K, Tikkanen H, et al. Explaining corporate short-termism: Self-reinforcing processes and biases among investors, the media and corporate managers [J]. Socio-Economic Review, 2014, 12 (4): 667 – 693.

[74] Atkinson J. The flexible firm and the shape of jobs to come [J]. Labour Market Issues, 1984, 5: 26 – 29.

[75] Azémar C, Desbordes R. Who ultimately bears the burden of greater non-wage labourcosts? [R]. Working paper, 2010.

[76] Baker, M. P. and Wurgler, J. A. Behavioral corporate finance: An updated survey [M]. Handbook ofthe Economics of Finance. Elsevier, 2013: 357 – 424.

[77] Bargeron L L, Lehn K M, Zutter C J. Sarbanes-Oxley and corporate risk-taking [J]. Journal of Accounting and Economics, 2010, 49 (1 – 2): 34 – 52.

[78] Bartelsman E J, Gautier P A, De Wind J. Employment protection, technology choice, and worker allocation [J]. International Economic Review, 2016, 57 (3): 787 – 826.

[79] Bastgen A, Holzner C L. Employment protection and the market for innovations [J]. Labour Economics, 2017, 46: 77 – 93.

[80] Baud C, Durand C. Financialization, globalization and the making of profits by leading retailers [J]. Socio-Economic Review, 2012, 10 (2): 241 – 266.

[81] Baumol W J, Litan R E, Schramm C J. Good capitalism, bad capitalism, and the economics of growth and prosperity [M]. Yale University Press, 2007.

[82] Becker G S. Investment in human capital: A theoretical analysis [J]. Journal of Political Economy, 1962, 70 (5, Part 2): 9 - 49.

[83] Belot M, Boone J, Van Ours J. Welfare-improving employment protection [J]. Economica, 2007, 74 (295): 381 - 396.

[84] Bennmarker H, Mellander E, Öckert B. Do regional payroll tax reductions boost employment? [J]. Labour Economics, 2009, 16 (5): 480-489.

[85] Benzarti Y, Harju J. Are taxes turning humans into machines? Using payroll tax variation to estimate the capital-labor elasticity of substitution [R]. SSRN Working Paper, 2018.

[86] Berger A N, Kick T, Schaeck K. Executive board composition and bank risk taking [J]. Journal of Corporate Finance, 2014, 28: 48 - 65.

[87] Berk J B, Stanton R, Zechner J. Human capital, bankruptcy, and capital structure [J]. Journal of Finance, 2010, 65 (3): 891 - 926.

[88] Bertola G, Boeri T. EMU labour markets two years on: Microeconomic tensions and institutional evolution [M]. EMU and Economic Policy in Europe, Edward Elgar, 2002: 249 - 280.

[89] Bertrand M, Mullainathan S. Enjoying the quiet life? Corporate governance and managerial preferences [J]. Journal of Political Economy, 2003, 111 (5): 1043 - 1075.

[90] Besley T, Burgess R. Can labor regulation hinder economic performance? Evidence from India [J]. The Quarterly Journal of Economics, 2004, 119 (1): 91 - 134.

[91] Black F, Scholes M. The pricing of options and corporate liabilities [J]. Journal of Political Economy, 1973, 81 (3): 637 – 654.

[92] Black S E, Lynch L M. What's driving the new economy? The benefits of workplace innovation [J]. The Economic Journal, 2004, 114 (493): F97 – F116.

[93] Blau F D, Kahn L M. International differences in male wage inequality: Institutions versus market forces [J]. Journal of Political Economy, 1996, 104 (4): 791 – 837.

[94] Boeri T, Van Ours J. The economics of imperfect labor markets [M]. Princeton University Press, 2013.

[95] Bolduc D, Fortin B, Labrecque F, et al. Workers' compensation, moral hazard and the composition of workplace injuries [J]. Journal of Human Resources, 2002, 37 (3): 623 – 652.

[96] Booth A L, Francesconi M, Frank J. Temporary jobs: Stepping stones or dead ends? [J]. The Economic Journal, 2002, 112 (480): F189 – F213.

[97] Borjas G J. Labor economics [M]. McGraw-Hill Irwin, 2013.

[98] Boubakri N, Cosset J, Saffar W. The role of state and foreign owners in corporate risk-taking: Evidence from privatization [J]. Journal of Financial Economics, 2013, 108 (3): 641 – 658.

[99] Brandt L, Van Biesebroeck J, Zhang Y. Creative accounting or creative destruction? Firm-level productivity growth in Chinese manufacturing [J]. Journal of Development Economics, 2012, 97 (2): 339 – 351.

[100] Bresnahan T F, Brynjolfsson E, Hitt L M. Information

technology, workplace organization, and the demand for skilled labor: Firm-level evidence [J]. The Quarterly Journal of Economics, 2002, 117 (1): 339 –376.

[101] Brynjolfsson E, Hitt L M. Computing productivity: Firm-level evidence [J]. Review of Economics and Statistics, 2003, 85 (4): 793 –808.

[102] Butler R J, Worrall J D. Work injury compensation and the duration of nonwork spells [J]. The Economic Journal, 1985, 95 (379): 714 –724.

[103] Card D, Chetty R, Weber A. Cash-on-hand and competing models of intertemporal behavior: New evidence from the labor market [J]. The Quarterly Journal of Economics, 2007, 122 (4): 1511 –1560.

[104] Carneiro P, Heckman J J. Human capital policy [M]. Inequality in America: What Role for Human Capital Policies? MIT Press, 2003: 77 –240.

[105] Centeno M, Novo Á A. Excess worker turnover and fixed-term contracts: Causal evidence in a two-tier system [J]. Labour Economics, 2012, 19 (3): 320 –328.

[106] Chatterjee A, Hambrick D C. Executive personality, capability cues, and risk taking: How narcissistic CEOs react to their successes and stumbles [J]. Administrative Science Quarterly, 2011, 56 (2): 202 –237.

[107] Chen H, Kacperczyk M, Ortiz-Molina H. Labor unions, operating flexibility, and the cost of equity [J]. Journal of Financial and Quantitative Analysis, 2011, 46 (1): 25 –58.

[108] Chen Q, Goldstein I, Jiang W. Price informativeness and investment sensitivity to stock price [J]. The Review of Financial Studies, 2007, 20 (3): 619 – 650.

[109] Chen T, Xie L, Zhang Y. How does analysts' forecast quality relate to corporate investment efficiency? [J]. Journal of Corporate Finance, 2017, 43: 217 – 240.

[110] Coles J L, Daniel N D, Naveen L. Managerial incentives and risk-taking [J]. Journal of Financial Economics, 2006, 79 (2): 431 – 468.

[111] Cooper R W, Haltiwanger J C. On the nature of capital adjustment costs [J]. The Review of Economic Studies, 2006, 73 (3): 611 – 633.

[112] Corrado C A, Hulten C R. How do you measure a "technological revolution"? [J]. American Economic Review, 2010, 100 (2): 99 – 104.

[113] Corrado C, Hulten C, Sichel D. Intangible capital and US economic growth [J]. Review of Income and Wealth, 2009, 55 (3): 661 – 685.

[114] Corrado C, Hulten C, Sichel D. Measuring capital and technology: An expanded framework [M]. Measuring Capital in the New Economy, Studies in Income and Wealth, University of Chicago Press, 2005: 11 – 46.

[115] Crotty J. The neoliberal paradox: The impact of destructive product market competition and "modern" financial markets on nonfinancial corporation performance in the neoliberal era [J]. Financialization and the World Economy, 2005, 1: 77 – 110.

[116] Cullen J B, Gordon R H. Taxes and entrepreneurial risk-taking: Theory and evidence for the US [J]. Journal of Public Economics, 2007, 91 (7-8): 1479-1505.

[117] Davis L E. Financialization and investment: A survey of the empirical literature [J]. Journal of Economic Surveys, 2017, 31 (5): 1332-1358.

[118] Davis L E. Financialization and the non-financial corporation: An investigation of firm-level investment behavior in the United States [J]. Metroeconomica, 2018, 69 (1): 270-307.

[119] Davis L E. Identifying the "financialization" of the non-financial corporation in the US economy: A decomposition of firm-level balance sheets [J]. Journal of Post Keynesian Economics, 2016, 39 (1): 115-141.

[120] Demir F. Financial liberalization, private investment and portfolio choice: Financialization of real sectors in emerging markets [J]. Journal of Development Economics, 2009, 88 (2): 314-324.

[121] Deslauriers J, Dostie B, Gagné R, et al. Estimating the impacts of payroll taxes: Evidence from Canadian employer-employee tax data [R]. SSRN Working Paper, 2018.

[122] Devos E, Rahman S. Labor unemployment insurance and firm cash holdings [J]. Journal of Corporate Finance, 2018, 49: 15-31.

[123] Domar E D, Musgrave R A. Proportional income taxation and risk-taking [J]. The Quarterly Journal of Economics, 1944, 58 (3): 388-422.

[124] Eisfeldt A L, Papanikolaou D. Organization capital and the cross-section of expected returns [J]. The Journal of Finance, 2013, 68 (4): 1365 –1406.

[125] Ellul A, Wang C, Zhang K. Labor unemployment risk and CEO incentive compensation [R]. SSRN Working Paper, 2016.

[126] Faccio M, Marchica M, Mura R. CEO gender, corporate risk-taking, and the efficiency of capital allocation [J]. Journal of Corporate Finance, 2016, 39: 193 –209.

[127] Faccio M, Marchica M, Mura R. Large shareholder diversification and corporate risk-taking [J]. The Review of Financial Studies, 2011, 24 (11): 3601 –3641.

[128] Faleye O, Mehrotra V, Morck R. When labor has a voice in corporate governance [J]. Journal of Financial and Quantitative Analysis, 2006, 41 (3): 489 –510.

[129] Favara G, Gao J, Giannetti M. Uncertainty, access to debt, and firm precautionary behavior [R]. Kelley School of Business Research Paper, 2019.

[130] Feldstein M S. The effects of taxation on risk taking [J]. Journal of Political Economy, 1969, 77 (5): 755 –764.

[131] Fernández C, Villar L. Informality and inclusive growth in Latin America: The case of Colombia [R]. SSRN Working Paper, 2016.

[132] Fetter D K, Lockwood L M. Government old-age support and labor supply: Evidence from the old age assistance program [J]. American Economic Review, 2018, 108 (8): 2174 –2211.

[133] Fleisher B, Li H, Zhao M Q. Human capital, economic

growth, and regional inequality in China [J]. Journal of Development Economics, 2010, 92 (2): 215 - 231.

[134] Florackis C, Kanas A, Kostakis A, et al. Idiosyncratic risk, risk-taking incentives and the relation between managerial ownership and firm value [J]. European Journal of Operational Research, 2020, 283 (2): 748 - 766.

[135] Fortin B, Marceau N, Savard L. Taxation, wage controls and the informal sector [J]. Journal of Public Economics, 1997, 66 (2): 293 - 312.

[136] Freeman R. Labor regulations, unions, and social protection in developing countries: Market distortions or efficient institutions? [M]. Handbook of Development Economics. Elsevier, 2010: 4657 - 4702,

[137] Friedman M. Essays in positive economics [M]. University of Chicago Press, 1953.

[138] Froud J, Johal S, Leaver A, et al. Financialization and strategy: Narrative and numbers [M]. Routledge, 2006.

[139] Galiani S, Weinschelbaum F. Modeling informality formally: Households and firms [J]. Economic Inquiry, 2012, 50 (3): 821 - 838.

[140] Gehner E. Knowingly taking risk: Investment decision making in real estate development [M]. Eburon Uitgeverij BV, 2008.

[141] Gentry W M, Hubbard R G. "Success taxes," entrepreneurial entry, and innovation [J]. Innovation Policy and the Economy, 2005, 5: 87 - 108.

[142] Goerke L. Taxes and unemployment: Collective bargain-

ing and efficiency wage models [M]. Springer Science & Business Media, 2012.

[143] Gomes J F. Financing investment [J]. American Economic Review, 2001, 91 (5): 1263 – 1285.

[144] Gourio F, Rudanko L. Customer capital [J]. Review of Economic Studies, 2014, 81 (3): 1102 – 1136.

[145] Green R C, Talmor E. The structure and incentive effects of corporate tax liabilities [J]. The Journal of Finance, 1985, 40 (4): 1095 – 1114.

[146] Griffith R, Macartney G. Employment protection legislation, multinational firms, and innovation [J]. Review of Economics and Statistics, 2014, 96 (1): 135 – 150.

[147] Gruber J. The incidence of payroll taxation: Evidence from Chile [J]. Journal of Labor Economics, 1997, 15 (S3): S72 – S101.

[148] Guan Y, Tang D Y. Employees' risk attitude and corporate risk taking: Evidence from pension asset allocations [J]. Journal of Corporate Finance, 2018, 48: 261 – 274.

[149] Haepp T, Lin C. How does the minimum wage affect firm investments in fixed and human capital? Evidence from China [J]. Review of Development Economics, 2017, 21 (4): 1057 – 1080.

[150] Hall R E, Jorgenson D W. Tax policy and investment behavior [J]. American Economic Review, 1967, 57 (3): 391 – 414.

[151] Hambrick D C, Mason P A. Upper echelons: The organization as a reflection of its top managers [J]. Academy of Management Review, 1984, 9 (2): 193 – 206.

[152] Harasztosi P, Lindner A. Who pays for the minimum Wage? [J]. American Economic Review, 2019, 109 (8): 2693 – 2727.

[153] Hayashi F. Tobin's marginal q and average q: A neoclassical interpretation [J]. Econometrica, 1982, 50 (1): 213 – 224.

[154] Heckman J J. The economics of inequality: The value of early childhood education. [J]. American Educator, 2011, 35 (1): 31 – 35.

[155] Heckman J, Pagés C. Law and employment: Lessons from Latin America and the Caribbean [M]. Chicago: National Bureau of Economic Research University of Chicago Press, 2004.

[156] Hein E, Detzer D, Dodig N. The demise of finance-dominated capitalism: Explaining the financial and economic crisis [M]. Edward Elgar Publishing, 2015.

[157] Hein E. The macroeconomics of finance-dominated capitalism and its crisis [M]. Edward Elgar Publishing, 2012.

[158] Janis I L. Victims of groupthink: A psychological study of foreign-policy decisions and fiascoes [M]. Houghton Mifflin, 1972.

[159] Jensen M C, Meckling W H. Theory of the firm: Managerial behavior, agency costs and ownership structure [J]. Journal of Financial Economics, 1976, 3 (4): 305 – 360.

[160] Jensen M C. Agency costs of free cash flow, corporate finance, and takeovers [J]. The American Economic Review, 1986, 76 (2): 323 – 329.

[161] John K, Litov L, Yeung B. Corporate governance and

risk-taking [J]. The Journal of Finance, 2008, 63 (4): 1679 – 1728.

[162] Johnson S, La Porta R, Lopez-de-Silanes F, et al. Tunneling [J]. American Economic Review, 2000, 90 (2): 22 – 27.

[163] Jordà Ò, Schularick M, Taylor A M. Macrofinancial history and the new business cycle facts [J]. NBER Macroeconomics Annual, 2017, 31: 213 – 263.

[164] Jorgenson D W, Ho M S, Stiroh K J. A retrospective look at the US productivity growth resurgence [J]. Journal of Economic Perspectives, 2008, 22 (1): 3 – 24.

[165] Kaunitz N, Egebark J. Payroll taxes and firm performance [R]. SSRN Working Paper, 2019.

[166] Kliman A, Williams S D. Why "financialisation" hasn't depressed US productive investment [J]. Cambridge Journal of Economics, 2015, 39 (1): 67 – 92.

[167] Koerniadi H, Krishnamurti C, Touranirad A. Corporate governance and risk-taking in New Zealand [J]. Australian Journal of Management, 2014, 39 (2): 227 – 245.

[168] Korkeamäki O. The finnish payroll tax cut experiment revisited [R]. Government Institute for Economic Research Working Papers, 2011.

[169] Krippner G R. The financialization of the American economy [J]. Socio-Economic Review, 2005, 3 (2): 173 – 208.

[170] Krueger A B, Meyer B D. Labor supply effects of social insurance [M]. Handbook of Public Economics. Elsevier, 2002: 2327 – 2392.

[171] Krueger A B. Incentive effects of workers' compensation insurance [J]. Journal of Public Economics, 1990, 41 (1): 73 – 99.

[172] Kugler A, Kugler M, Herrera-Prada L. Do payroll tax breaks stimulate formality? Evidence from Colombia's reform [J]. Economía, 2017, 18 (1): 3 – 40.

[173] Kugler A, Kugler M. Labor market effects of payroll taxes in developing countries: Evidence from Colombia [J]. Economic Development and Cultural Change, 2009, 57 (2): 335 – 358.

[174] Kuku O, Orazem P F, Rojid S, et al. Training funds and the incidence of training: The case of Mauritius [J]. Education Economics, 2016, 24 (3): 280 – 299.

[175] Kwak Y H, LaPlace K S. Examining risk tolerance in project-driven organization [J]. Technovation, 2005, 25 (6): 691 – 695.

[176] Lalive R. Unemployment benefits, unemployment duration, and post-unemployment jobs: A regression discontinuity approach [J]. American Economic Review, 2007, 97 (2): 108 – 112.

[177] Langenmayr D, Lester R. Taxation and corporate risk-taking [J]. The Accounting Review, 2018, 93 (3): 237 – 266.

[178] Lazonick W. Innovative business models and varieties of capitalism: Financialization of the US corporation [J]. Business History Review, 2010, 84 (4): 675 – 702.

[179] Lee S, Torm N. Social security and firm performance: The case of Vietnamese SMEs [J]. International Labour Review, 2017, 156 (2): 185 – 212.

[180] Leuven E. The economics of private sector training: A survey of the literature [J]. Journal of Economic Surveys, 2005, 19

(1): 91 – 111.

[181] Lev B, Sougiannis T. The capitalization, amortization, and value-relevance of R&D [J]. Journal of Accounting and Economics, 1996, 21 (1): 107 – 138.

[182] Lev B. Intangibles: Management, measurement, and reporting [M]. Brookings Institution Press, 2001.

[183] Levine R. Chapter 12 finance and growth: Theory and evidence [M]. Handbook of Economic Growth, Elsevier, 2005: 865 – 934.

[184] Li E X, Liu L X, Xue C. Intangible assets and cross-sectional stock returns: Evidence from structural estimation [J]. SSRN Working Paper, 2014.

[185] Li K, Griffin D, Yue H, et al. How does culture influence corporate risk-taking? [J]. Journal of Corporate Finance, 2013, 23: 1 – 22.

[186] Lin K, Tomaskovic-Devey D. Financialization and US income inequality, 1970 – 2008 [J]. American Journal of Sociology, 2013, 118 (5): 1284 – 1329.

[187] Ljungqvist A, Zhang L, Zuo L. Sharing risk with the government: How taxes affect corporate risk taking [J]. Journal of Accounting Research, 2017, 55 (3): 669 – 707.

[188] Magdoff H, Sweezy P M. Stagnation and the financial explosion [M]. NYU Press, 1987.

[189] Malmendier U, Nagel S. Depression babies: Do macroeconomic experiences affect risk taking? [J]. Quarterly Journal of Economics, 2011, 126 (1): 373 – 416.

［190］Månsson J, Quoreshi A S. Evaluating regional cuts in the payroll tax from a firm perspective ［J］. The Annals of Regional Science, 2015, 54: 323 -347.

［191］Markowitz H. Portfolio selection ［J］. Journal of Finance, 1952, 7 (1): 77 -91.

［192］Melguizo A, González-Páramo J M. Who bears labour taxes and social contributions? A meta-analysis approach ［J］. Journal of the Spanish Economic Association, 2013, 4 (3): 247 -271.

［193］Messe P, Rouland B. Stricter employment protection and firms' incentives to sponsor training: The case of French older workers ［J］. Labour Economics, 2014, 31: 14 -26.

［194］Meyer B D, Viscusi W K, Durbin D L. Workers' compensation and injury duration: Evidence from a natural experiment ［J］. The American Economic Review, 1995, 85 (3): 322 -340.

［195］Modigliani F, Miller M H. The cost of capital, corporation finance, and the theory of investment ［J］. The American Economic Review, 1958, 48 (3): 261 - 297.

［196］Morgenstern O, Von Neumann J. Theory of games and economic behavior ［M］. Princeton University Press, 1953.

［197］Mortensen D T. Unemployment insurance and job search decisions ［J］. ILR Review, 1977, 30 (4): 505 -517.

［198］Myers S C, Majluf N S. Corporate financing and investment decisions when firms have information that investors do not have ［J］. Journal of Financial Economics, 1984, 13 (2): 187 -221.

［199］Nekoei A, Weber A. Does extending unemployment benefits improve job quality? ［J］. American Economic Review, 2017,

107 (2): 527 -561.

[200] Neuhauser F, Raphael S. The effect of an increase in worker's compensation benefits on the duration and frequency of benefit receipt [J]. Review of Economics and Statistics, 2004, 86 (1): 288 -302.

[201] Neumann M. Earnings responses to social security contributions [J]. Labour Economics, 2017, 49: 55 -73.

[202] Nguyen P. Corporate governance and risk-taking: Evidence from Japanese firms [J]. Pacific-basin Finance Journal, 2011, 19 (3): 278 -297.

[203] Nickell S J, Bell B. Would cutting payroll taxes on the unskilled have a significant impact on unemployment? [M]. Unemployment Policy: Government Options for the Labour Market. Cambridge University Press, 1997: 296 -328.

[204] Nielsen I, Smyth R. Who bears the burden of employer compliance with social security contributions? Evidence from Chinese firm level data [J]. China Economic Review, 2008, 19 (2): 230 - 244.

[205] Nilsen Ø A, Raknerud A, Rybalka M, et al. Lumpy investments, factor adjustments, and labour productivity [J]. Oxford Economic Papers, 2009, 61 (1): 104 -127.

[206] Nunn N, Qian N. The potato's contribution to population and urbanization: Evidence from a historical experiment [J]. The Quarterly Journal of Economics, 2011, 126 (2): 593 -650.

[207] O'Connell P, Byrne D. The determinants and effects of training at work: Bringing the workplace back in [J]. European Soci-

ological Review, 2012, 28 (3): 283 - 300.

[208] OECD. Employment database-labour market policies and institutions [R]. Paris: Organisation for Economic Cooperation and Development, 2017.

[209] OECD. Revenue statistics 1965 - 2015 [R]. Paris: Organisation for Economic Cooperation and Development, 2016.

[210] Orhangazi Ö. Financialisation and capital accumulation in the non-financial corporate sector: A theoretical and empirical investigation on the US economy: 1973 - 2003 [J]. Cambridge Journal of Economics, 2008, 32 (6): 863 - 886.

[211] Pablo A L, Javidan M. Thinking of a merger... do you know their risk propensity profile [J]. Organizational Dynamics, 2002, 30 (3): 206 - 222.

[212] Packard T G, Montenegro C E. Labor policy and digital technology use: Indicative evidence from cross-country correlations [R]. World Bank Policy Research Working Paper, 2017.

[213] Pagés C. Do Payroll tax cuts boost formal jobs in developing countries [J]. IZA World of Labor, 2017, 345: 1 - 9.

[214] Paligorova T. Corporate risk taking and ownership structure [R]. Bank of Canada Working Paper, 2010.

[215] Palley T I. Financialization: The economics of finance capital domination [M]. Springer, 2013.

[216] Peters R H, Taylor L A. Intangible capital and the investment-q relation [J]. Journal of Financial Economics, 2017, 123 (2): 251 - 272.

[217] Philippon T, Reshef A. An international look at the

growth of modern finance [J]. Journal of Economic Perspectives, 2013, 27 (2): 73 - 96.

[218] Pierre G, Scarpetta S. Do firms make greater use of training and temporary employment when labor adjustment costs are high? [J]. IZA Journal of Labor Policy, 2013, 2: 1 - 17.

[219] Pischke J. Labor market institutions, wages, and invest-ment: Review and implications [J]. CESifo Economic Studies, 2005, 51 (1): 47 - 75.

[220] Pissarides C A. The impact of employment tax cuts on unemployment and wages: The role of unemployment benefits and tax structure [J]. European Economic Review, 1998, 42 (1): 155 - 183.

[221] Powell D, Seabury S. Medical care spending and labor market outcomes: Evidence from workers' compensation reforms [J]. American Economic Review, 2018, 108 (10): 2995 - 3027.

[222] Romer P M. Endogenous technological change [J]. Journal of Political Economy, 1990, 98 (5, Part 2): S71 - S102.

[223] Ruser J W. Workers' compensation and occupational in-juries and illnesses [J]. Journal of Labor Economics, 1991, 9 (4): 325 - 350.

[224] Saez E, Matsaganis M, Tsakloglou P. Earnings determi-nation and taxes: Evidence from a cohort-based payroll tax reform in Greece [J]. The Quarterly Journal of Economics, 2012, 127 (1): 493 - 533.

[225] Saez E, Schoefer B, Seim D. Payroll taxes, firm behav-ior, and rent sharing: Evidence from a young workers' tax cut in Swe-

den [J]. American Economic Review, 2019, 109 (5): 1717 – 1763.

[226] Sawyer M. Financial development, financialisation and e-conomic growth [R]. FESSUD Working Paper Series, 2014.

[227] Schneider F, Enste D H. Shadow economies: Size, cau-ses, and consequences [J]. Journal of Economic Literature, 2000, 38 (1): 77 –114.

[228] Schreyer P. High-growth firms and employment [R]. OECD Science, Technology and Industry Working Papers, 2000.

[229] Serfling M. Firing costs and capital structure decisions [J]. The Journal of Finance, 2016, 71 (5): 2239 –2286.

[230] Simintzi E, Vig V, Volpin P. Labor protection and lever-age [J]. The Review of Financial Studies, 2015, 28 (2): 561 –591.

[231] Simon H A. The new science of management decision [M]. Prentice Hall, 1960.

[232] Simon M, Houghton S M, Aquino K. Cognitive biases, risk perception, and venture formation: How individuals decide to start companies [J]. Journal of Business Venturing, 2000, 15 (2): 113 –134.

[233] Sitkin S B, Pablo A L. Reconceptualizing the determi-nants of risk behavior [J]. Academy of Management Review, 1992, 17 (1): 9 –38.

[234] Skedinger P. Effects of payroll tax cuts for young workers [R]. SSRN working paper, 2014.

[235] Slonimczyk F. The effect of taxation on informal employ-ment [R]. HSE & MPRA Working Paper, 2011.

[236] Soener M. Why do firms financialize? Meso-level evidence from the US apparel and footwear industry, 1991 – 2005 [J]. Socio-Economic Review, 2015, 13 (3): 549 – 573.

[237] Solow R M. A contribution to the theory of economic growth [J]. The Quarterly Journal of Economics, 1956, 70 (1): 65 – 94.

[238] Sørenson P B. Public finance solutions to the European unemployment problem? [J]. Economic Policy, 1997, 12 (25): 222 – 264.

[239] Stein, J C. Agency, information and corporate investment [M]. Handbook of the Economics of Finance. Elsevier, 2003: 111 – 165.

[240] Stiglitz J E. The effects of income, wealth, and capital gains taxation on risk-taking [J]. The Quarterly Journal of Economics 1969, 83 (2): 263 – 283.

[241] Stockhammer E. Financialisation and the slowdown of accumulation [J]. Cambridge Journal of Economics, 2004, 28 (5): 719 – 741.

[242] Summers L H. Some simple economics of mandated benefits [J]. The American Economic Review, 1989, 79 (2): 177 – 183.

[243] Tejada M M. Dual labor markets and labor protection in an estimated search and matching model [J]. Labour Economics, 2017, 46: 26 – 46.

[244] Titman S. The effect of capital structure on a firm's liquidation decision [J]. Journal of Financial Economics, 1984, 13

(1): 137 -151.

[245] Tobin J. Money and economic growth [J]. Econometrica, 1965, 33 (4): 671 -684.

[246] Tornell A. Real vs. financial investment can Tobin taxes eliminate the irreversibility distortion? [J]. Journal of Development Economics, 1990, 32 (2): 419 -444.

[247] Tversky A, Kahneman D. Prospect theory: An analysis of decision under risk [J]. Econometrica, 1979, 47 (2): 263 - 291.

[248] Van Ours J C, Vodopivec M. Does reducing unemployment insurance generosity reduce job match quality? [J]. Journal of Public Economics, 2008, 92 (3 -4): 684 -695.

[249] Vandenbussche J, Aghion P, Meghir C. Growth, distance to frontier and composition of human capital [J]. Journal of Economic Growth, 2006, 11 (2): 97 -127.

[250] Vinding A L. Absorptive capacity and innovative performance: A human capital approach [J]. Economics of innovation and New Technology, 2006, 15 (4 -5): 507 -517.

[251] Wang W, Zheng K. Labor unemployment insurance and firms' future performance [J]. International Journal of Managerial Finance, 2018, (14) 3: 282 -300.

[252] Wasmer E. General versus specific skills in labor markets with search frictions and firing costs [J]. American Economic Review, 2006, 96 (3): 811 -831.

[253] World Bank. World development report 1990 [R]. New York: Oxford University Press, 1990.

[254] Yoshikawa H. On the "q" theory of investment [J]. The American Economic Review, 1980, 70 (4): 739 – 743.

[255] Zhang D, Lowry P B, Zhou L, et al. The impact of individualism-collectivism, social presence, and group diversity on group decision making under majority influence [J]. Journal of Management Information Systems, 2007, 23 (4): 53 – 80.

[256] Zwick E, Mahon J. Tax policy and heterogeneous investment behavior [J]. American Economic Review, 2017, 107 (1): 217 – 248.